이라크의 역사

순니파, 시아파, 쿠르드족의 각축

차례
Contents

이라크 사람들

이라크는 찬란한 고대 메소포타미아 문명이 숨쉬고 있는 나라다. 여러 민족들이 살고 있으며, 다양한 종교와 문화가 섞여 있어 아주 복잡한 배경을 가지고 있다. 이라크는 역사적으로 아랍, 투르코멘, 쿠르드, 아시리아인 간의 인종 갈등과 이슬람과 순니(한국 언론에서는 '수니'라고 하나 아랍어 원음은 '순니'임)와 시아, 기독교와 정교회, 가톨릭, 복음주의 교회 간의 종교 대립이 있었다.

2018년 이라크 인구는 3,840만 명 정도이다. 인구 비율로 보면, 전체 이라크 인구의 60%를 차지하는 남부의 시아파와 15%를 차지하는 북부의 쿠르드인, 그리고 중부와 북부의 순니파가 20%이고, 소수의 투르코멘과 아시리아(이라크에서는

'아슈르'라 불리는데 아람어를 쓰는 기독교인들이다)인이 5%를 차지하고 있다.

사담 후세인이 통치하던 시절에 억압과 냉대를 받아왔던 시아파들은 이라크전쟁이 일어나자 연합군과 손을 잡고 이라크 정국의 조타수 역할을 자처했다. 그 결과 시아 정당 연합이 2005년 1월 30일 치러진 선거에서 역사적인 승리를 거두었고, 쿠르드인들이 둘째 다수당이 되었다. 이라크 정부의 새 총리로 시아파가 결정되었다. 그리고 오랜 세월 연방제와 민주주의를 주장한 쿠르드인들이 대통령직을 맡게 되었다. 2005년 이라크 정부의 화두는 이라크의 정체성이 과연 이슬람주의 국가(Islamist state, 이슬람을 정치에 이용하는 국가)인가 하는 문제와 북부 지역에서 쿠르드인들의 자치를 어느 정도 허용할 것인가 하는 문제였다.

아랍인들은 이라크 민족을 한마디로 '반항아'에 비유한다. 물론 이 호칭에는 아랍 민족 간의 민족 차별의식이 깔려 있다. 이라크 전쟁을 지켜본 많은 사람들은 이라크 민족이 온순한 민족은 아니라고 생각한다. 사담 후세인의 통치를 받으며 살아온 이라크 젊은이들은 민주주의와 자유를 부르짖는 미군과 영국군이 이라크를 점령한 후 치안을 확보하지 못하자 좀더 강력한 통치자나 종교 지도자가 이라크를 이끌어주기를 바랐다. 2005년 이라크 대학생들의 60% 이상이 민주주의가 이라크 정치의 바탕이 되기를 바랐다. 그들은 민주주의가 교육과 취업과 임금 상승에 도움이 될 것으로 기대했다. 대다수 이라크인들은 여전히 종교와 정치가 분리될 수 없다고 생각한다.

　이라크는 다섯 개 문화 지역으로 나뉜다. 아르빌에 중심으로 하는 북부 쿠르드 문화, 바그다드를 중심으로 하는 순니 이슬람 아랍 문화, 바스라를 중심으로 하는 시아 이슬람 아랍 문화, 북부의 여러 도시에 사는 기독교 민족 아시리아인들의 문화 그리고 유프라테스강과 티그리스 강의 중류 지역에 살고 있는 유목민 아랍인들의 문화 등이 그것이다.

고대 문명과 이라크

에덴은 이라크인가

이라크 땅은 『성경』의 「창세기」에 등장한다.

하나님이 동방의 에덴에 동산을 창설하시고 그 지으신 사람을 거기에 두시었는데 강이 에덴에서 발원하여 동산을 적시고 거기서부터 갈라져 네 근원이 되었으니 셋째 강의 이름은 힛데겔(티그리스강)이라 앗수르 동편으로 흐르며 넷째 강은 유브라데(유프라테스강)더라.(「창세기」 2:8~14)

이라크 땅에는 에덴동산에서 시작한 두 개의 강이 있다. 이스라엘의 북왕국은 기원전 722년 이라크의 북부 앗수르 제국에 망하는데, 요나 선지가 선교한 니느웨가 이라크 땅에 있다. 특히 「다니엘서」에서는 기원전 605년 바벨론 군대를 이끌고 갈그미스Carchemish 전투에서 이집트를 물리친 느부갓네살Nebuchadnezzar왕(기원전 605~기원전 562)이 등장한다. 그는 전쟁에서 패하고 후퇴하는 이집트 군대를 추격해 시리아와 팔레스타인까지 영토를 확장한다. 기원전 586년 느부갓네살은 예루살렘과 성전을 파괴하였고 예레미야와 하박국의 예언대로 유다의 백성은 포로로 잡혀갔다. 느부갓네살은 기원전 605년 다니엘과 그의 친구들을 포로로 바벨론에 데리고 갔다.

이라크 전 대통령인 사담 후세인은 아랍 무슬림들의 원수인 이스라엘과 대적하면서 자신의 리더십을 치켜세우려고 느부갓네살의 후예라고 자처하기도 했다. 「다니엘서」는 아람어를 사용하는 이스라엘 독자를 위하여 2장 4절 후반부부터 7장 28절까지는 아람어로 기록되어 있다. 유대인들이 오랜 세월 이라크에 살았고, 오늘날 아시리아 기독교 교회에는 아람어를 사용하는 아시리아(이라크인들은 아슈르라고 함) 종족이 있다.

이라크라는 단어는 '연안'이란 뜻이다. 터키에서 시작된 티그리스 강은 모술과 오늘날 순니파들이 주로 살고 있는 티그리트와 사마라와 바그다드를 지나 쿠트와 아마라로 흐른다. 그리고 시리아를 지나오는 유프라테스강이 알 라마디와 시아의 성지 카르발라와 나자프 옆을 지나 나시리야를 거쳐 바스라 북쪽에서 두 강이 만나 페르시아만(아랍만)으로 흘러간다.

순니파와 시아파가 두 강을 각각 차지하고 있는 셈이다. 이 '두 강 사이의 땅'을 메소포타미아라고 한다. 이라크의 동쪽은 이란, 북쪽은 터키, 서쪽은 요르단, 남쪽은 쿠웨이트 그리고 서남쪽에는 사우디아라비아가 국경을 접하고 있다.

바벨론의 함무라비 왕

메소포타미아 지역에는 식물과 동물이 많았다. 기원전 6000년 무렵에는 주로 터키나 이란의 높은 지대에서 이주한 사람들이 정착해 살았다. 기원전 3500년 무렵에는 수메르 문명이 강력한 영향력을 가지면서 페르시아만(아랍인들은 '아랍만'이라고 함) 북쪽 지역에 도시국가들의 연방이 형성되었다. 수메르의 주요 도시국가로는 우룩, 에리두, 기쉬, 라가쉬, 아가데, 악샥, 라르사와 우르가 있었다. 이들 도시에는 15,000~25,000명 정도 되는 주민들이 살고 있었다.

이집트와 달리 메소포타미아 지역에서는 갑자기 폭우가 쏟아지고 강풍이 자주 불어서 진흙과 흙으로 지은 집을 무너뜨렸다. 그래서 수메르인들은 신들을 달래기 위해 종교의식을 발전시켰고, 강력한 사제 제도를 만들었다. 모든 재산은 신들의 것이라고 생각했지만 농사일, 장사와 전쟁은 사제들에게 결정권이 있다고 보았다. 지구라트zigguraτ라 불리는 신전에도 사제들이 있었다. 지구라트는 햇볕으로 구운 벽돌 계단으로 된 인공적인 산인데, 현재 우르에 남아 있다.

우르의 제3왕조(기원전 2110~기원전 2010)가 동부의 유목민의 침입을 받은 후 아브라함은 우르를 떠나 하란(오늘의 터키 땅)으로 향했다. 그러나 그가 고향집을 떠나는 장면(「창세기」 12:1~4)은 우르가 아니라 하란이었고, 그곳을 떠나 가나안(오늘의 이스라엘 땅과 레바논 일부와 요르단의 일부 그리고 시리아 남부 지역)으로 향했다. 수메르인들의 이야기 중에는 우르의 왕 길가메쉬Gilgamesh의 서사시가 있다.

기원전 2300년 수메르 북쪽 지역에서 셈어를 사용하는 민족이 등장했는데, 이들은 수메르를 정복한 악카드인(Akkadian)들이었다. 지도자 중에는 사르곤 1세가 있었고, 그는 정복한 수메르의 제도를 그대로 유지했으나 군대의 힘을 빌려 다스렸다.

기원전 2000년경 이라크 서쪽의 셈족과 아모르족(Amorites), 동쪽의 엘람족(Elamites)이 합세해 공격해 와서 우르의 제3왕국은 멸망했다. 그리고 이들 침입자들이 수메르-악카드 문화를 이어갔다. 아모르인들은 유프라테스강과 티그리스 강 유역에 여러 도시를 세우고 수도 바벨론을 건설했다.

제6대왕 함무라비Hammurabi(기원전 1792~기원전 1750)는 티그리스-유프라테스강 유역을 중심으로 지방 군주들이 장악하고 있던 지역을 정복했다. 그가 통치하던 43년간 평화와 번영의 시대를 이루었다. 함무라비 왕의 위대한 치적 중 하나는 법전을 제정한 일이었다. 법전에는 "나라의 정의를 실현하기 위해 그리고 악한 세력들을 물리치기 위해 강자는 약자를 억압해서는 안 된다"고 썼다. 함무라비 법전은 중동에서 최초로 만든 법전은 아니지만 토지 소유권, 임대료, 여성의 지위, 혼인, 이혼, 상속, 계약, 공공질서 유지, 행정, 임금, 노동 조건 등이 기록된, 상당히 완벽한 법전이었다.

앗수르 제국

기원전 3000년경 티그리스 강 중류 지역에 발달한 도시들 중의 하나가 아슈르Ashur이다. 아슈르는 앗수르인(아시리아, assyrian)들의 태양신 이름에서 따왔다. 셈어를 쓰던 이들이 13세기에는 바벨론을 정복했다. 근동과 에게해 지역에 철기를 사용하는 종족들이 들어오면서 기원전 1200년경에는 메소포타미아의 제국들을 혼란에 빠뜨렸다. 기원전 859년경 앗수르인들은 서쪽으로 영토를 확장하기 시작하여 지중해 가까이에 자리한 페니키아 도시들을 점령했다. 그리고 앗수르의 다음 통치자들이 다마스커스와 바벨론을 정복했다.

8세기에 제국을 통치하는 힘이 약화되면서 디글랏 빌레셀 tiglath Pileser(기원전 745~기원전 727)은 왕권을 획득한 후 재빨리 앗수르의 주변 국가들을 진압하러 나섰다. 우선 시리아를 공략했는데, 이때 처음으로 정규군을 만들었다. 산헤립 Sennacherib(기원전 704~기원전 681)은 새로운 도읍지 니느웨를 건설하고, 반란을 일으킨 바벨론을 멸망시켰으며 유다(남왕국)를 봉토로 만들었다.

기원전 612년 두 개의 왕국 메대Medes와 갈대아Chadeans(신

바벨로니아)가 서로 동맹해서 앗수르를 물리치고 니느웨를 정복했다. 갈대아인들은 앗수르인들의 권력을 이어받아 기원전 612년 앗수르인들이 점령한 시리아와 팔레스타인의 땅들을 점령했다. 느부갓네살은 유다 왕국을 점령하고 기원전 586년 예루살렘을 멸망시켰다.

갈대아인들은 바벨론을 근동에서 가장 위대한 도시로 재건하려고 힘썼다(갈대아 시기의 공중 정원은 세계 7대 불가사의 중의 하나다). 그러나 군주와 제사장 간의 불화로 군주의 세력이 약화되면서 이란에서 아케멘 왕조가 빠르게 성장하는 것을 막아낼 수 없었다. 기원전 539년 바벨론이 고레스(기원전 550~기원전 530) 대왕에게 망하자 바벨론은 이란 제국에 편입되었고 유대인들은 포로에서 풀려났다.

이란의 왕 사트랍스Satraps는 바벨론의 왕들과 비슷한 방식으로 이라크를 통치했다. 이란의 왕들은 토지에 대해서는 메소포타미아인들의 관례를 따랐다. 그러나 기원전 522년 이란의 왕 캄비세스Cambyses가 죽은 뒤 이란 통치자들을 반대하는 반란이 거세게 일어났다. 다리우스(기원전 520~기원전 485)가 잘 통치하고 있던 시대에는 바벨론이 조용했으나, 기원전 482년 바벨론 사람들이 이란인 통치자를 몰아내려다가 실패함으로써 이란의 압제는 더욱 심해졌다. 다리우스가 통치하던 기간에 아람어가 제국의 공용어가 되었고 몇몇 학자들만 메소포타미아의 언어를 썼다.

기원전 485년부터 기원전 331년 알렉산더 대왕이 침입하기까지 바벨론은 거의 주목을 받지 못하였다. 또한 사르디스에서 수사로 가는 무역로가 새로 생기면서 바벨론과의 무역은 빠르게 줄어들었다. 331년 알렉산더 대왕이 쳐들어오자 모든 바벨론 사람들은 그를 해방자로 여겨 반겼다. 그가 바벨론의 신(god), 마르둑Marduk을 경배하는 등 바벨론의 전통을 존중했기 때문이다. 알렉산더 대왕은 유프라테스강에서 시작해 페르시아 만까지 배를 운항하고 그곳에 항구를 세울 계획을 갖고 있었다. 그러나 알렉산더 대왕은 인더스강을 탐험한 후 말라리아에 걸려 32살이 되던 323년 6월 13일에 사망한다.

알렉산더 대왕이 죽은 뒤 그가 거느렸던 장수들이 서로 싸워 제국을 나누는 바람에 바벨론은 혼란에 빠졌다. 더 이상 바벨론이 문명 세계의 중심지 역할을 못하자 정치와 경제 활동이 지중해로 옮겨졌다. 알렉산더와 그의 후계자들은 그리스풍의 도시들을 근동에 세웠는데, 그중의 하나가 티그리스 강변의 셀루시아Seleucia였다. 그 지역이 헬레니즘화하면서 서구의 신들과 예술 양식, 서구의 사상들이 들어왔다.

기원전 126년 파르티안 유목민들이 투르케스탄에서 이란의 북동쪽으로 이주했다. 로마인 트라얀과 셉티무스 세베루스가 점령했던 시기를 빼놓고 서기 227년 이란의 사산조Sasan朝가 이곳을 점령할 때까지 이 지역은 파르티안 유목민들이 다스렸다. 그후 636년까지 이 지역을 다스렸던 것은 이란의 사산조였는데, 사산조가 무슬림 아랍족들에게 멸망할 때쯤 메소포타미아는 폐허가 되고, 수메르-악카드 문명은 사라지고 말았다.

이슬람 세력의 확장

아랍 무슬림의 지하드

아랍인들과 이란인들은 서로 무역을 하면서 알게 되었는데, 특히 이란인의 봉토였던 예멘을 통해서였다. 이란인들은 아랍인들이 부족 중심의 사회를 이루고 있고, 원초적 수준의 군대를 갖고 있으며, 단 한 번도 단일 집권한 왕을 가진 적이 없다는 것을 알고 있었다.

6세기 아라비아 반도는 여러 사건들로 급격한 변화를 겪고 있었다. 메카의 강력한 꾸라이쉬 부족에 속한 하쉼 가문의 한 사람인 무함마드는 자신이 예언자임을 주장하면서 이슬람의 신앙으로 그의 추종자들을 모으고 있었다. 그러나 아라비아가 이슬람화되는 데 있어 가장 큰 장애물은 당시 고착된 부족주의였다.

632년 무함마드가 죽은 지 1년도 못 되어 아라비아는 무함마드의 후계자 아부 바크르의 손에 떨어졌다. 그는 비잔틴과 사산 제국을 정복하러 나섰다. 이슬람 세력은 아부 바크르(632~634) 때부터 이라크 공략에 나섰다. 634년 18,000명의 아랍 부족들이 칼리드 븐 왈리드의 지휘 아래 유프라테스 삼각주의 경계선에 이르렀다. 이라크를 점령하고 있던 이란의 사산 군대들이 전술과 숫자에서는 앞섰으나 비잔틴과의 오랜 싸움으로 지쳐 있었기 때문에 제대로 싸울 수 없었다. 당시 이란 병사들은 도망가지 못하게 쇠사슬로 묶여 있었는데, 아랍인들은 이 싸움을 '쇠사슬 전쟁'이라고 불렀다.

칼리드는 이라크 사람들에게 '이슬람 신앙을 받아들여라. 그러면 안전할 것이다. 그렇지 않으면 공물을 바쳐라. 이 둘 다 거절하면 잘못은 너희에게 있다'라는 마지막 통첩을 보냈다. 이슬람이 이라크를 정복할 즈음 이라크에 사는 부족들의 대부분은 기독교인이었다. 이때부터 이라크 기독교인들은 무슬림 통치자에게 지즈야Jizya(무슬림 통치 지역에 살고 있는 무슬림이 아닌 사람들이 내야 하는 토지세)를 내기로 결정했다.

한편 이란인들은 루스탐의 지휘 아래 결집해서 히라Hirah(유프라테스강 서쪽) 지역에 있던 아랍인들을 공격했으나 대패했다. 그러나 다음해 아랍인들은 부와입 전투에서 이란인들을 격퇴할 수 있었다. 636년 5월 알까디시야(바그다드 남쪽 유프라테스강 유역에 있음)에서 루스탐은 전사했고, 당시 아랍인들은 6 대 1 정도로 병사의 수가 많았던 이란인들을 패퇴시켰다.

이슬람의 정복은 당시 사산조와 비잔틴 제국이 사회적으로 문화적으로 허약해진 틈을 타고 이루어졌다. 우마르(634~644) 칼리파는 당시 두 개의 병영 도시를 세우도록 명령했는데, 그 중 하나는 쿠파에 그리고 다른 하나는 항구가 있는 바스라에 건설하도록 하였다. 우마르는 이란인들이 소유하고 있던 토지를 새롭게 정비했고, 그들의 요청에 따라 이란식 행정 제도(디완diwan, 수입과 지출을 통제하는 행정 사무처)를 그대로 유지했다. 이때부터 이 제도는 이슬람이 통치하는 곳마다 적용되기 시작했다. 아랍인들은 사산조의 동전 제도를 채택하기로 하고 조로아스터교의 사제와 불 제단이 있는 도안을 그대로 도입하기도 했다. 또 페르시아어 대신 아랍어를 공용어로 사용했다.

이라크인들은 아랍인들과 혼인하면서 이슬람으로 개종하기 시작하였다. 그러나 이슬람이 이라크를 정복하는 과정에서 종교를 해석하는 관점이 달라 전쟁의 불씨가 되기도 했는데, 그것이 곧 순니파와 시아파다. 물론 인종적으로 혹은 문화적으로 설명할 수 없는 일들이 종교로 인해 그럴듯하게 합리화되기도 했다.

순니파와 시아파

이제 막 시작된 이슬람 공동체의 가장 심각한 문제는 칼리파(이슬람의 종교와 정치의 수장)를 둘러싼 싸움이었다. 오늘날 이라크가 중부 순니파와 남부 시아파로 분리된 때가 바로 이 때였다. 그 갈등의 중심에는 알리 븐 아비 딸립Ali bn abi Talib이 있었다. 알리는 무함마드의 사촌으로 무함마드 외동딸 파티마(아랍어 원음, 파띠마)와 혼인했다. 3대 칼리파인 우스만은 칼리파로 선출되기 전은 물론 선출된 후에도 계속 아랍인들의 반대에 부딪히고 있었다. 그를 반대하는 사람들은 알리가 마땅히 칼리파가 되어야 한다고 주장했다. 게다가 알리가 『꾸란』 내용과 맞지 않는 새로운 이교도의 산물들이 이슬람 공동체에 들어와 있다고 주장하면서 우스만을 반대하자 사태는 걷잡을 수 없이 악화되었다.

사우디아라비아 지역에 살고 있는 많은 베드윈(아랍 유목민)들은 자발적으로 이집트와 이라크에 가서 군복무를 했다. 그런데 아라비아 반도의 히자즈Hijaz 지역(메카와 메디나와 그 주변 지역)에 사는 아랍인들은 전쟁의 전리품으로 호의호식하고 있었다. 정벌에 나섰던 군인들은 초라한 자신들을 전리품으로 잘 먹고 잘사는 아랍인들과 비교하게 되었다. 전리품으로 얻은 땅을 분배하고 수익금과 연금을 분배하는 것에 불만을 가지고 있던 그들을 대변해준 사람은 무함마드의 조카이자 사위인 알리 븐 아비 딸립이었다. 불만을 품은 무슬림들은 이라크와 이집트를 떠나 사우디아라비아의 메디나로 와서 시정해줄 것을 요구했다. 그러나 그들이 임지로 돌아가는 도중에 반역자들을 처벌하라는 이집트 총독에게 보내는 편지가 그들에게 발각되었다. 병사들은 자신들이 반역자로 몰리는 것이 너무도 분해 우스만을 살해했다. 우스만을 살해한 자는 제1대 칼리파 아부 바크르의 아들이었다. 무슬림이 무슬림을 죽이는 살인이 자행된 것이다. 무슬림 세계는 잠시 동요했으나 곧 알리가 칼리파로 선출되었다.

알리는 그의 칼리파 등극에 반대하는 여러 도전자들과 싸워야 했다. 우선 무함마드의 미망인 아이샤와 낙타 전투(656년 이라크 바스라에서 알리의 칼리파 등극을 반대하는 아이샤 진영과 알리 진영과의 전투)에서 싸워 아이샤를 제압하였다. 아이샤는 알리가 우스만을 살해한 폭도들의 요청으로 칼리파에 등극하는 것을 보고 알리가 우스만 칼리파의 살해자를 찾아내어 그 살인자를 처벌한 뒤에 칼리파에 등극하는 것이 옳다고 주장하였다. 시아파 역사가들은 알리가 무함마드 이후 곧바로 칼리파가 되었어야 한다고 믿고, 무함마드 이후 세 명의 칼리파 아부 바크르(아이샤의 아버지) 그리고 우마르와 우스만을 권력의 찬탈자로 규정한다. 그래서 시아파들은 아이샤가 알리에 대항하여 내전을 벌인 것은 잘못이라고 말한다. 그러나 순니파는 낙타 위 가마를 타고 와서 전투를 지휘한 아이샤의 행위보다는 알리의 결정이 더 옳다고 주장한다. 시아파들은 종말에 마흐디(종말에 정의를 확산시키는 이맘)가 오면 아이샤는 벌을 받을 것이라고 믿는다.

알리가 칼리파로 선출되었지만 우스만의 친척이었던 무아위야Muawiyya는 당시 시리아의 총독이었는데, 그는 우스만의 죽음에 대해 복수할 권리를 달라면서 알리를 칼리파로 인정하지 않았다. 알리의 군대는 유프라테스강 가까이에 있던 십핀 Siffin 평야에서 무아위야 군대와 마주쳤다. 무아위야 군대는 그들이 열세라고 판단해서 알리의 군대에게 중재를 요청했다. 그러자 우스만을 죽인 자를 살인자로 규정할지 아니면 합법적인 집행자로 결정할지를 놓고 우스만 친척들을 납득시킬 만한 답을 찾기 위해 중재자를 내세웠다. 그러나 결국은 알리에게 불리한 결론이 내려졌고, 알리는 이 결정이 이슬람법에 따르지 않은 것이라고 주장하면서 다시 전투를 시작할 것을 명령했다. 그런데 알리의 결정은 너무 늦은 감이 있었다.

무슬림 공동체 내부의 싸움

알리의 추종자들은 알리가 중재와 협상을 해서 스스로 굴복한 것은 윤리적으로 잘못된 것이라고 주장했다. 이는 곧 전투의 결과로서 밝혀지게 될 알라의 판결을 인간이 결정한 것이라고 했다. 카와리즈kharijites(혹은 khawariz)파로 알려진 이들은 이후 수세기에 걸쳐 이슬람 공동체에 정치적인 영향력을 행사하게 된다. 무아위야와 다시 담판을 시작하기 전 알리는 카와리즈파에게 우선 도움을 요청했으나 자신의 호소가 아무런 성과가 없자 그는 카와리즈파의 많은 사람들을 살해했다. 그러자 알리를 추종하는 세력들은 그에게서 등을 돌리고 그를 떠났다. 알리는 바그다드 남쪽 150킬로미터에 있는 쿠파로 돌아와 이슬람 공동체의 사태를 조용히 지켜볼 수밖에 없었다.

이슬람 공동체의 수많은 지도자들이 칼리파를 선출하기 위해 요르단의 아드루에 모였다. 십핀에서 중재 역할을 맡았던 압둘라 이븐 압바스(무함마드의 조카)도 해결점을 찾으려 애썼다. 마침내 알리도 무아위야도 아닌 우마르Umar의 아들 압둘라를 칼리파로 옹립한다고 발표했다. 회의는 혼란 속에 끝났으나 무아위야는 이집트에, 알리는 이라크에 있었다. 알리는 이라크 쿠파에 있는 모스크에서 기도하던 중 카와리즈파에 의해 살해되었다. 무아위야는 알리의 장남 하산을 꼬드겨 그가 승계하는 것을 포기하게 했다. 하산은 몸이 약해 곧 사망했는데, 나중에 시아파들은 무아위야가 독살되었다고 주장하면서 그를 모든 순교자들의 지주라고 불렀다. 그리고 무아위야는 이슬람 공동체의 많은 지지를 받아 칼리파가 되었다. 그는 우마이야(아랍어 원음, 우마위야)조의 제1대 칼리파가 되었고, 도읍지는 시리아의 다마스쿠스였다. 이로써 이슬람 역사에서 시아파(알리를 칼리파로 옹립한 것이 정당하므로 아부 바크르, 우마르, 우스만 세 사람을 권력의 찬탈자로 규정하는 그룹)와 순니파(무아위야의 지지자들로서 무함마드 이후 아부 바크르, 우마르, 우스만, 알리를 모두 칼리파로 인정하는 그룹)가 나뉘어졌고, 이는 곧 오늘날까지 이라크가 두 종파(순니파와 시아파)로 나뉘는 불씨가 되었다. 이 같은 무슬림 공동체 안의 내부 싸움을 아랍어로 '피트나'라고 한다.

무아위야의 아들 야지드 1세는 680년 칼리파가 되었으나 아버지가 강력하게 진압했던 반대자들을 막아낼 수 없었다. 알리의 둘째아들 후세인은 야지드의 심복이 되는 것을 거부하고 메카로 도망가서 주로 이라크에서 온 시아파를 이끌며 반란을 도모하고자 했다. 당시 쿠파의 총독 우바이둘라는 이 같은 음모를 알고 그를 설득하기 위해 군대를 보냈다. 이라크 카르발라에서 군대를 만난 후세인이 그가 거느린 200명의 남녀 무슬림과 함께 항복을 거부하자 우마이야 군대는 그들을 참수하고 말았다. 야지드 1세는 잘린 후세인 머리를 받았다. 후세인이 살해된 이슬람력 무하람 10일(680년 10월 10일)은 오늘까지도 모든 시아파 무슬림들이 애도의 날로 지키고 있다.

알리의 무덤은 바그다드 남쪽 130킬로미터에 있는 알 나자프에 있고, 후세인의 무덤은 바그다드 남쪽 80킬로미터 되는 카르발라에 있는데, 이 두 곳은 모든 시아파들의 성지가 되었다. 나자프는 시아파의 마르지아야(시아파의 법적 조회 기관)의 결정이 공표되는 곳이 되었다. 시아파 무슬림들은 이 두 곳을 순례하는 것은 메카 순례와 맞먹는다고 말한다. 시아파의 신앙 고백은 "알라 이외에 신이 없다. 무함마드는 알라의 예언자이고 알리는 알라의 왈리(대리인, representative)이다"고 하고, 순니파들은 "알라 이외에 신이 없다. 무함마드는 알라의 메신저(messenger)"라고 신앙 고백을 한다. 이렇게 나타난 교리 간의 차이는 분열을 예고하고 있었다.

우마이야조의 수도를 시리아로 옮기자 이라크인들은 자신들이 이슬람 제국의 변두리로 전락한 것에 분노하여, 우마이야조 통치자들에 대항해 여러 차례 반란을 일으켰다. 그러자 우마이야조의 칼리파는 강력한 수장을 이라크로 보냈다. 687과 692년 사이에 이라크인들이 내란을 일으키자 질서를 잡기 위해 알 핫자즈Al-Hajjāj ibn Yūsuf(661~714)를 파견했다. 그는 쿠파에 도착하자마자 모스크의 설교단에 올라가 짧은 연설을 했는데, 그 내용이 아주 유명하다.

나는 잘라버리기에 잘 익은 머리들을 보고 있다. 이라크 사람들이여! 나는 쉽게 뭉개지는 무화과 열매처럼 되지는 않을 것이다. 칼리파가 그의 화살 통에서 화살을 꺼내 하나 하나 시험해 보더니 내가 가장 단단한 것임을 알았다. 사람들이 나무에서 나무껍질을 벗기듯이 내가 여러분을 벗겨버리겠다. 길을 잘못 든 낙타가 두들겨 맞듯이 내가 여러분을 혼내주겠다.

오늘날 많은 아랍인들은 사담 후세인이 알 핫자즈처럼 이라크인들을 채찍과 철권 정치로 다스렸다고 말한다.

이라크와 이란에서 폭동을 일으켰으나 실패한 사람들은 이란의 북동쪽에 있는 코라산으로 망명했다. 당시 코라산에는 지야드가 보낸 5만 명의 베드윈이 살고 있었다. 그곳 메르브Merv시(현 투르크메니스탄에 있는 도시)에서 무함마드의 삼촌 알 압바스al-Abbas가 "하쉼(무함마드의 증조부) 가문은 시아파와 알 압바스 가문의 조상이다"라고 하면서 시아파를 감싸 안았다. 그는 이곳의 도움을 받아 반란군을 조직할 수 있었다. 시아파는 이 무리의 우두머리인 아부 무슬림을 적극 지원했다. 747년 아부 무슬림의 군대는 우마위조를 공격하고 이라크를 점령했다. 그러나 750년 시아파가 아닌 아부 알 압바스Abu al-Abbās Abdullāh ibn Muhammad as-Saffāh는 바그다드에서 압바시야조의 첫 번째 칼리파가 되었다.

바그다드와 아라비안나이트

처음 일곱 명의 칼리파(아부 알 압바스(750~754), 알 만수르(754~775), 알 마흐디(775~785), 알 하디(785~786), 하룬 알 라쉬드(786~809), 알 아민(809~813), 알 무으민(813~833))는 바그다드를 제국의 중심지로 만들어놓았다. 바그다드는 아랍인들과 이란의 문화가 혼합되어 철학, 과학, 문학의 꽃을 피웠다. 바그다드를 원형 도시로 설계한 칼리파는 제2대 만수르Mansur(754~775)다. 그러나 50년도 채 되지 않아 많아진 인구는 바그다드의 담을 넘어가고 있었다. 바그다드는 아시아와 지중해를 연결하는 거대한 상업의 중심지가 되었다. 만수르의 손자인 하룬 알라쉬드(786~806)가 치세하는 동안 바그다드는 콘스탄티노플 다음 가는 규모로 성장했다. 한때 바그다드는 평화의 도시라고 불렸으나, 본래 바그다드는 '신의 정원'이라는 뜻이다.

아라비안나이트가 유행하던 시절의 칼리파인 하룬 알라쉬드는 학문을 장려했다. 그러나 아랍 문화가 활짝 꽃피는 시기는 그가 재임했을 때가 아니라 그의 아들 마으문(813~833)이 재위했을 때이다. 하룬 알라쉬드가 죽고 나서 그의 두 아들 아민과 마으문 사이에 권력 쟁탈전이 벌어졌다. 아민은 이라크인들의 지지를 받았고, 마으문은 이란인들의 지지를 받았다. 마으문은 코라산 수비대의 지원을 받아 813년 바그다드를 장악했다.

압바시야조는 순니 무슬림들이 통치자가 되었기 때문에 강력한 통치로 시아파의 분노를 잠재울 수 있었다. 그런데 대부분의 이란인들은 시아파였으므로 국가의 수도가 바그다드가 아닌 메르브가 되기를 바랐다. 이라크의 시아파까지도 바그다드가 수도로서의 지위를 잃어 경제력도 잃을까봐 수도를 양보하지 않으려는 것을 보고 마으문은 수도를 바그다드로 정했다.

압바시야조는 순니파와 시아파가 분열해서 통합된 힘을 발휘하지 못하자 점차 약화되었다. 다양한 문화와 언어의 유입으로 이슬람 문명은 풍요로워졌으나 이는 또 다른 긴장의 요인이 되었다. 아랍인과 이란인 간의 갈등과 순니파와 시아파의 분열은 점차 두각을 나타내는 터키인들과의 군사·정치적인 관계에서 경쟁과 불만으로 발전하게 되었다.

이슬람 칼리파의 몰락

9세기 초에 압바시야조의 칼리파들은 중앙아시아에서 트랜스옥사니아transoxiana(옥서스 강 건너)로 건너가 그곳에서 살고 있던 터키어를 사용하던 노예 전사(맘루크mamluk, 아랍어 원음은 맘룩)들을 수입하기 시작했다. 그래서 압바시야조의 궁전 수비대는 이라크인 장교들의 명령을 받는 맘루크이었다. 833년에는 맘루크 중에서 장교가 된 사람들도 있었는데, 그들의 군사적 능력과 헌신 때문에 궁중에서도 높은 자리를 차지했다. 833년 집권한 칼리파 무으타심(833~842)의 어머니는 터키인 노예였는데, 그의 영향력은 대단했다.

10세기경 터키인 사령관들은 이제 이란인과 아랍인들로부터 아무런 제재도 받지 않고 칼리파를 임명하거나 폐위할 수 있었다. 그리고 이슬람 역사상 처음으로 칼리파의 정치적 권력이 종교적 기능과 분리되었다. 맘루크들은 칼리파를 계속 유지하게 했고, 칼리파 자리를 권력을 정당화하는 상징으로 보았다.

945년 군 출신의 가문 부와이흐Buwayhids가 서부 이란을 정복하고 나서 바그다드를 점령했다. 부와이흐조는 시아파지만 순니파 칼리파를 형식상 영적 권위의 빛바랜 상징으로 계속 옹립하고 있었다. 순니파의 칼리파는 시아파와 이란인들로부터 굴욕을 당하기도 했다.

1055년 터키어를 사용하는 셀주크는 부와이흐조를 몰아냈다. 셀주크조(에게 해에서 중앙아시아까지의 영토)는 옥서스강 북쪽에 사는 터키인들이었다. 셀주크의 장수 투그릴 벡은 코라산에 있는 지방 군수에게 반기를 든 후 남쪽으로 진격한 다음 다시 서쪽으로 진격했다. 1055년 바그다드의 칼리파는 셀주크조의 두 번째 통치자 투그릴 벡에게 가운과 선물 그리고 동방의 왕이라는 타이틀까지 보내야 했다. 셀주크조가 순니파였으므로 바그다드는 그의 통치를 받아들였다. 이제 칼리파는 이름만 있을 뿐 실제 권한은 없었다.

셀주크조의 말리크 샤 1세Jalal ad-Dawlah Malik Shah I(1072~1092, 말리크는 아랍어로 왕이란 뜻이고 샤는 페르시아로 왕이란 뜻) 때에는 지중해 동부와 소아시아 그리고 일부 아라비아 지역의 국가들을 점령하여 터키인들이 다스렸다. 그가 이란과 이라크를 통치하는 동안에는 문화와 과학이 아주 부흥했는데, 이란인 재상 니잠 알 물크가 가장 중요한 역할을 했다. 그는 이슬람 역사상 가장 뛰어난 관료로 평가받고 있다. 오마르 카이얌이라는 사람은 천문학 관측소를 세워 새 달력을 만들기 위한 여러 실험을 했고, 이슬람 종교 학교를 주요 도시마다 세웠다. 또한 가장 위대한 이슬람 신학자이자 철학자이고 수피이었던 아부 하미드 알 가잘리(al-Ghazali, 1058~1111)와 다른 유명한 학자들이 셀주크조의 수도 바그다드로 몰려들었다.

그러나 1092년 말리크 샤 1세가 사망하자 셀주크조의 권세가 나뉘어졌다. 작은 왕가들이 이란과 이라크에 등장했다. 1118년과 1194년 사이에 9명의 셀주크 술탄(통치자)들이 바그다드를 다스렸는데, 한 사람만 자연사하고 나머지 모두는 비명에 사라져갔다. 셀주크조에서 하인으로 일했던 아타베그atabegs(터키 귀족들의 칭호로서 '왕자의 아버지'라는 뜻, 군주가 죽으면 그의 자녀들을 보호하는 후견인이 군주의 미망인과 혼인하여 권력을 행사함)들이 셀주크조의 환심을 얻자, 한 아타베그는 모술에서 잔즈Zanjid(흑인들의 땅이란 뜻) 왕조를 세웠다. 그들은 무슬림들을 격려해 기독교 십자군의 침입을 막아내는 데 기여했다. 이라크에서 마지막 셀주크조의 술탄인 투그릴(1177 ~1194)은 터키 왕조인 크와리즘 샤Khwarizm shah(1190~1220, 현 우즈베키스탄)의 한 장수에게 살해되었다. 그리고 나서 바그다드는 곧 몽고군의 말발굽 아래에 놓이고 말았다.

징기스칸의 손자 훌라구 칸Hulagu khan(1217~1265)은 1258 년 바그다드를 점령하고 압바시야조 칼리파를 살해했다. 이라크는 이제 몽고인들의 지배를 받는 변방 지역으로 전락했다. 1335년 12살에 왕위에 오른 마지막 몽고 황제 아부 사이드Abu said(바하두르bahadur로 알려짐)가 사망하자 이라크는 정치적 혼란에 빠졌다. 이때 등장한 작은 왕조가 바로 몽고 후손의 잘라이르Jalayirids(1339~1432) 왕조이다. 잘라이드 왕조는 15세기 초까지 이라크를 다스렸다.

터키어를 사용하던 몽고인 자손 티무르 랑Timur Lang(혹은 Tamerlane, '절름발이 티무르'라는 뜻으로 본명은 티무르 븐 타라가이 바를라스Tīmūr bin Taraghay Barlas(1336~1405))은 1401년 바그다드를 강점하고 많은 주민들을 학살했다. 그가 다스리는 모든 지역에서 이슬람의 학문 연구와 예술은 전멸되다시피 했다.

한편 이란에서 사파위Safavid(1501~1722/1736)조가 새롭게 부상하고 사파위조의 이스마일 샤Ismail shah(재위 1501~1524) 는 1509년 이라크를 쉽게 점령했다. 사파위조는 이란의 국교를 역사상 처음으로 시아 이슬람이라고 공포했다. 그러자 이스탄불에서 통치하고 있던 순니파 오스만 터키Ottoman Turks는 시아파가 이라크를 거쳐 아나톨리아(소아시아)까지 퍼질 것을 우려했다. 술탄 살림Salim은 1514년 이스마일 군대를 공격했다. 이때부터 시작한 사파위조와의 전쟁은 1639년까지 끊임없이 지속되었다. 1535년쯤 술탄 술레이만Suleyman 대제가 바그다드를 정복했고, 1623년부터 1638년까지 사파위가 지배한 기간을 제외하고 이라크는 1535년부터 1916년까지 순니 오스만의 통치를 받았다. 이제 이슬람 세계의 종교적, 정치적 중심지가 이슬람 본토에서 순니파 통치자가 지배하던 이스탄불로 옮겨가게 되었다.

순니와 시아 이슬람 그리고 쿠르드족

오스만 터키(혹은 오토만 제국, 1299~1922)가 지배한 4세기 동안 이라크는 주요 지역이 세 곳 또는 네 곳으로 나뉘었다. 주요 지역세 곳은 바그다드, 모술, 바스라였다. 파사pasha라 불린 각 지역의 총독은 오스만 터키 정부의 지시를 받아 각 지역을 다스렸다. 오스만 터키 초기인 1534년부터 1621년까지는 오스만 터키인들이 장악하지 못한 땅이 많아 이라크까지 행정력이 미치지 못했다.

1623년 바그다드를 점령한 사파위조 통치자 샤 압바스1세 (1587~1629)와 그의 후계자 샤 싸피(1629~1642재위)는 1638년까지 바그다드를 다스리고 있었다. 이란인들이 통치한 시기에 순니 무슬림들은 10명 중 1명꼴로 고문을 당하거나 살해당하거나 노예가 되었다. 이란인들은 이라크에 있는 이란인 시아파들의 성지들을 장악해야 한다는 일념을 갖고 있었다. 그래서 바그다드는 이란 제국이 탐내는 곳이었다.

오스만 터키인들은 이라크가 아나톨리아(지금의 터키)와 이란 사이에서 순니가 장악하는 완충지대 역할을 하기를 바랐다. 더구나 바그다드는 찬란한 압바시야조의 수도로서의 명성이 남아 있었다. 1638년 오스만 터키의 술탄 무라드 4세는 뛰어난 전술로 이라크에 있는 사파위조를 공격했다. 바그다드의 수많은 사람들이 죽어 나갔는데, 그중 이라크 아랍인들과 쿠르드인들이 가장 많이 희생되었다.

오스만 터키가 이라크를 장악하는 것은 쉽지 않았다. 왜냐하면 아라비아 반도의 나즈드에서 온 베드윈(유목민)들이 이주하자 이들 베드윈들이 자주 출몰하여 소요를 일으켜, 이들 베드윈들을 퇴치하기가 아주 어려웠기 때문이다. 또한 끊임없이 분열하는 종교와 정치가 통치를 어렵게 했다. 쿠르드를 포함한 북부 이라크인들은 순니파 이슬람이었고, 바그다드는 순니파와 시아파로 나뉘어 있었으며, 끊임없이 반란이 일어나고 있는 남부에는 시아파 무슬림들이 있었다.

17세기 말 쿠르드의 밥Baban 왕조(1649~1850)가 세워지자 오스만 터키는 이라크의 쿠르디스탄Kurdistan(쿠르드인들의 땅)에 대해 더 이상 주권을 행사할 수 없었다. 1625년부터 1668년까지 그리고 1694년부터 1701년까지 습지대에 사는 아랍인들과 바스라는 그 지역 촌장이 장악하고 있어서 바그다드에 거주하는 오스만 터키 총독의 명을 무시했다. 1704년 하산Hasan 파샤는 총독이 되자 파샤 자리를 그의 아들에서 그의 손녀딸들의 남편 그리고 파샤의 가정에 자라난 맘루크로 승계되도록 제도를 만들었다. 1704년부터 1831년까지 누가 바그다드의 총독이 될 것인가에 대해 사람들은 관심이 많았다. 다우드 파샤(1817~1831)는 바그다드의 마지막 맘루크 통치자였는데, 굶주림과 홍수와 급성 전염병 온역이 바그다드를 휩쓸고 갔을 때만 이라크인들은 오스만 터키의 대리자에게 머리를 숙였다. 그루지야 출신의Georgian 맘루크가 바스라와 바그다드를 통치했으나 모술은 그 지역 유지 잘릴Jalilis 가문이 다스렸다.

이때는 각 지역마다 득특한 문제들이 있었다. 모술에는 광포한 야지디인(야즈단파Yazdanism는 신이나 천사를 의미하는 yazdan에서 온 말이며 북서 쿠르디스탄의 알레비alevism, 쿠르디스탄의 남단에서 발생한 야르산yarsanism, 쿠르디스탄 중앙의 야지디 yazidi 분파를 포함한다)들 때문에 통치하기가 어려웠다. 또한 산기슭에는 쿠르드인들이 살고 있었는데, 메뚜기 떼와 기근이 18세기 말과 19세기 초에 이라크를 휩쓸고 지나갔다. 이라크에는 순니 무슬림 아랍인과 순니 쿠르드인 그리고 상당수 기독교인들이 있었다. 특히 이들 기독교인들은 대부분 네스토리아(경교로 알려짐) 기독교인으로 니느웨의 고대 아슈르 인들의 후예로 여긴 이라크인들이었다. 그들은 1900년경 이후 민족성이 드러나는 아시리아Assyria – 아랍어로는 아수리아Athuriya – 라는 이름을 선호했다. 바스라에는 많은 유대인 공동체가 있었고, 아르메니아 기독교인들도 살고 있었으며 이 지역에서는 노예와 커피와 비단 무역이 활발하게 이루어졌다.

순니파와 시아파의 각축

바그다드는 순니파와 시아파가 서로를 공격하고 자신들이 집권하려고 혈안이었기에 매우 혼란스러웠다. 이 당시 부족 연합을 이룬 부족들로는 아나이자, 샴마르, 다피르, 문타피크, 찹, 바니 람, 주바이드 등이 있었다. 바그다드는 순니 와하비 wahhabis(1744년 사우디 왕가가 도입한 것으로 무함마드 이븐 압둘 와합Muhammad ibn Abd al Wahhab[1703~1792]의 이름을 딴 이슬람주의 운동으로 그들 자신은 살라피salafism라고 함. 공일주의 『이슬람 문명의 이해』 참조.)의 산발적인 공격에 맞서야 했다. 1802년에는 사우디아라비아의 나즈드에서 온 와하비즘을 따르는 무슬림들이 카르발라에 있는 후세인 시아파 사원을 공격했다.

오스만 터키인들은 유럽인들이 자신들은 근대적으로 볼 수 있도록 여러 개혁을 단행했다. 1802년에는 영국의 뒤를 이어 프랑스가 바그다드에 영사관을 설치했다. 유럽인들은 오스만 터키의 개혁으로 상업에서 더욱 많은 이익을 얻을 수 있도록 이라크를 근대화하는 데 관심을 두었다. 1836년 강 위에 증기

선이 떠다니고, 1861년에는 전신기가 이라크에 들어왔다.

18세기 이후 오스만 터키가 쇠락의 길을 걷자 유럽인들은 경쟁하듯이 해상 무역을 강화했다. 1899년 독일이 오스만 터키로부터 터키 남부 콘야에서 바그다드까지 철로를 개설하는 허가를 얻어내자 유럽 각국의 경쟁이 노골적으로 드러나기 시작했다. 1902년 독일은 바스라에서 바그다드까지 철로 부설권을 얻어냈다. 영국은 이란과 아프가니스탄을 거쳐 인도에 이르는 중요한 무역로가 방해를 받을까봐 독일이 주도권을 갖는 것을 염려했다.

러시아는 이란에서 상충된 이해관계 때문에 영국과 불편한 사이였지만 독일을 견제하기 위해 영국과 타협하고 싶어 했다. 러시아의 주요 관심은 겨울에도 얼지 않는 부동항이었다. 1907년 영국과 러시아는 협정을 맺었는데, 그것은 부분적으로는 독일에 대항하기 위한 것이었다. 이후 독일과 영국은 이라크에서 주요 경쟁자가 되었다.

영국 위임령과 아랍 민족주의

1908년에 오스만 터키의 젊은 청년들이 일으킨 혁명은 이라크의 민족주의자들의 정치 활동에도 자극을 주었다. 1914년 무렵 이라크 민족주의 운동이 활발하게 일어났지만 아직 이렇다 할 조직은 없었다. 오스만 터키와 영국과 동맹국들이 벌인 전쟁 때문에 이라크 민족주의 운동은 한동안 제약을 받았다.

영국은 1912년부터 이란 남부에 세운 석유 생산 시설을 보호하는 데 특별한 관심을 기울이고 있었다. 마침내 영국은 인도에서 군대를 차출하여 샤트 알 아랍(남부 이란과 이라크의 경계선 해역)으로 급히 파병해 바스라를 점령했다. 1915년경 여름 영국군은 이라크 남부의 여러 도시를 장악했다. 찰스 타운센드 장군이 지휘하는 영국군은 가을에 바그다드를 점령하기로 계획했다. 그러나 알 쿠트에서 영국 수비대가 140일 동안 터키인들에게 포위되어 공격을 당하자 1916년 4월 수비대는 무조건 항복할 수밖에 없었다. 영국군은 서둘러 군대를 재정비해 메소포타미아 파견군이라 이름을 붙였다. 스탠리 모드 장군은 항구, 기지, 도로, 철도, 통신들을 확보한 뒤 1916년 12월 다시 진격을 명령했다. 1917년 3월 바그다드의 방어벽이 뚫렸고, 다음해 봄 영국군은 북쪽으로 진군했다. 10월에 모술이 함락되었고, 1918년 말이 되기 전 영국군은 이라크를 완전히 점령했다.

바그다드가 함락된 후 스탠리 모드 장군은 이라크인들에게 일정 부분 자치권을 주겠다는 담화문을 발표했다. 아랍 민족주의자들은 이러한 조치가 외국인 지배를 종식시키는 길을 열어주는 것이라 여겨 환영했다. 그리고 아랍 민족주의자들은 오스만 터키 지배를 벗어나기 위해 영국군을 비롯한 동맹군을 도왔다.

이라크의 첫 번째 왕

메카의 샤리프(무함마드 직계 자손에게 부여한 존칭)인 하쉼 가문의 후세인 븐 알리Husayn bn Ali의 아들 파이살Faisal은 현대 이라크의 첫 번째 왕이 되었다. 이슬람의 창시자 무함마드

(오스만 제국 전성기의 영토, 1680)

의 후손이라고 자처한 파이살왕은 동맹군들이 아랍 독립에는 별로 관심이 없고 이전의 오스만 터키가 지배한 지역을 위임령으로 삼으려는 움직임을 보고 크게 실망했다. 파리 평화 회담에서 이라크는 영국의 위임령이 되었다. 1920년 시리아 국회에서 시리아의 왕으로 선포된 파이살은 그해 7월에 프랑스에 의해 쫓겨나고 만다.

전후 이라크의 민정은 행정관 퍼시 콕스경과 그의 부관 아놀드 탈봇 윌슨 대령이 맡았다. 그들에게는 해결해야 할 여러 문제들이 기다리고 있었다. 특히 유프라테스강에 있는 알 나자프와 카르발라 성지 그리고 그 주변 지역의 부족들은 거의 무정부 상태에 있었다. 이보다 더 심각한 것은 위임령이 될 것이라고 예상한 이라크 민족주의자들의 분노였다. 이라크 민족주의자들은 위임령이 속이 들여다보이는 식민주의의 위장이라는 것을 깨달았다. 1920년 5월 초 시아파 무즈타히드

Mujtahid(텍스트에서 법적 판결 또는 법적 증거로부터 법을 도출해 내는 법학자)의 죽음으로 순니파와 시아파 무슬림들은 서로 간의 교리적 차이는 잠시 제쳐 두고 추도식장에서 서로 연합해 영국군에게 공격의 화살을 돌렸다.

1920년 7월 모술에서 영국 통치에 반대하는 반란이 일어났다. 3개월 동안 이라크는 무정부 상태에 있었고, 영국군은 인도와 이란에 증원 부대를 요청했다. 그런데 영국 국민들은 자국 국민의 안전과 생명 그리고 비용 부담을 이유로 들며 이라크에서의 짐을 덜라고 요구했다. 그러자 영국군 책임자는 이라크의 임시정부를 세우는 것을 고려하게 되었다. 임시정부는 비교적 성공적이었는데, 그 이유 중 하나는 파이살Faisal bin Hussein(1920년 대 시리아의 왕이었다가 1921~1933년 이라크의 왕으로 재임한 하쉼 가문)이 시리아에서 이라크로 돌아왔을 때 잘 훈련된 이라크인들이 함께 입국해 임시정부 행정요원으로 일할 수 있었기 때문이다.

임시정부에서 파이살은 훌륭한 지도력을 발휘했는데, 그의 업적과 더불어 그의 지도력은 아랍 해방운동으로 인정받아 이라크 사회의 대부분 계층이 그를 지지했다. 그리고 제1차 세계 대전 중에 하쉼 가의 협조를 받은 영국이 이를 보상하기 위해 왕위에 추대하여, 파이살은 1921년 8월 23일 왕위에 올랐다.

이라크에서는 임시 헌법이 만들어지고 정부의 주요 직책을 조직했다. 이라크 전 지역을 14개 도로 나누고, 각 도에는 도

지사를 두었다. 이로써 현대 이라크는 1921년에 비로소 시작되었다. 영국은 지상군을 철수하고 왕립 공군을 바그다드 서쪽에 배치했다. 1925년에는 이라크 외무성이 설치되고, 각 나라에서 주 이라크 영사들을 임명했다.

이때 시아파 무슬림들이 내각에 등원했는데, 1920년대에는 압드 알 후세인 알 찰라비, 무함마드 알 사드르, 무함마드 리다 알 샤비비, 살리흐 자브르 등이 포함되어 있었다. 당시 국가 권력을 독점하고 있던 순니 무슬림들은 시아파들이 권력에 욕심을 내는 것에 대해 불만을 나타냈다. 또한 소수파들도 내각에 들어왔는데, 여러 기독교인 장관이 있었고, 첫 번째 재무장관은 유대인인 사순 하스카일이었다.

위임 통치 기간 중 가장 중요한 발전은 이라크 중부와 북부에 있는 석유 특허권 문제에 관한 것이었다. 이라크 정부는 1925년 터키 석유 회사와 계약을 체결했고, 키르쿠크에서 지중해로 가는 송유관을 매설하였는데 이는 팔레스타인의 하이파와 레바논의 트리폴리로 연결되었다.

모자이크 사회의 주역과 운명

이슬람 종파 간의 불안한 연정

1932년 10월 13일 이라크는 주권 독립국가로서 국제연맹에 가입했다. 그러나 이라크의 독립을 이루기 전에 해결했어야 할 이라크 내 소수파들의 문제와 모자이크 사회가 갖는 복잡 미묘한 문제들이 그대로 남아 있었다. 이렇게 분열된 이라크 사회를 하나로 통합하기 위해 영국은 순니 엘리트들과 시아파 주요 인물들, 특히 부족장과 종교지도자들을 통합하려고 애썼다. 쿠르드 족장과 투르코멘 족장들 그리고 기독교와 유대교 공동체의 저명인사들에게 군의 요직과 대민 업무를 담당하는 직책을 맡겼다. 따라서 이라크 내각은 이리저리 구색을

맞춘 불안정한 연합을 이루고 있었다.

650년 우마이야조 때부터 이라크가 안고 있었던 시아파와 순니파 사이의 갈등은 이라크가 하나의 정치 공동체가 되는 데 커다란 걸림돌이었다.

남부 유프라테스강 유역에 사는 시아파 부족들은 순니파들이 정부 요직을 다 차지할까봐 도시에 사는 시아파들과 재빨리 합세했다. 왜냐하면 정부 요직에 순니파의 수가 늘어나고 있다는 것을 알았기 때문이다. 순니파들은 오스만 터키 때부터 시아파 사람들보다 우대를 받아 행정 경험을 많이 쌓았다. 그러나 많은 순니파 무슬림들은 파이살왕이 1916년 오스만 터키에 대항하여 폭동을 일으킨 것은 신앙에 어긋나는 행동이라고 여겨 파이살왕의 내각과는 사이가 좋지 않았다. 당시 이슬람 정치 철학에서는 이슬람 권력이 이슬람의 샤리아법을 지키지 않았을 때에만 저항하는 것을 정당한 것으로 간주했다. 일부 순니파는 정치적 이유로 오스만 터키 편을 들고 있었기 때문에 파이살 왕이 다스리는 이라크의 하쉼가(1932~1958)는 영국 통치의 연장으로 받아들였다. 또한 소수 이라크인들은 파이살 정부가 아랍 왕조를 계승했다고 여겨 파이살 정부를 반대했다.

쿠르드족과 아시리아족

1932년 이라크에서는 쿠르드인(순니 무슬림)과 아시리아인

(현재 이라크에서는 아슈르인이라 함)이 계속 갈등하고 있었다. 모술 근처에 살고 있는 쿠르드인들은 독립과 분리 운동에 강력한 의지를 가지고 있었다. 오스만 터키가 모술 지역을 통치하고 있던 때에 쿠르드인들은 지방 자치를 허락해주는 대가로 오스만 터키를 지원했고, 제1차 세계 대전 중에도 오스만 터키를 도왔다.

1920년 혼란한 시기에 오스만 터키는 쿠르드인들을 달래기 위해 '쿠르디스탄'으로 알려진 독립 쿠르드 국가를 건설하는 데 합의했다. 그런데 이 쿠르드 국가는 이라크와 터키와 이란의 국경 지대에 살고 있는 쿠르드인들을 대상으로 했다. 그러나 터키의 정치적 상황이 바뀌어 무스타파 케말Mustafa Kemal Atatürk(1881~1938)이 집권하자 쿠르드인들의 계획은 수포로 돌아갔고, 쿠르드인들은 터키에서 케말에 반대하는 폭동을 일으켰다. 1922~1924년 동안 영국군이 전통적인 쿠르드 자치 지역을 잠식해 들어오자 쿠르드인들은 폭동에 가담했다. 1925년 국제연맹이 모술을 이라크에게 넘겨주자, 아랍보다는 터키의 통치를 받기를 내심 바랐던 쿠르드인들의 적대감은 더욱 커지고 있었다. 이라크 정부는 독립 초기부터 쿠르드인들과 불안한 평화 관계를 유지하고 있었다.

이라크 정부와 아시리아인(고대 앗수르 지역에 살던 사람들로 아람어를 사용함) 사이의 적대적인 감정은 1932년과 1933년 더욱 노골적으로 드러났다. 제1차 세계 대전 중 아시리아인의 4분의 3은 영국 편을 들었다. 아랍 정부는 이제 이라크

시민이 된 아시리아인들을 위험한 민족으로 생각했다. 그 결과 수천 명의 아시리아인들을 군 징집 대상에 포함시켰다. 이 군대는 이라크 정규군과 별개로 영국이 봉급을 주는 군대였다. 영국인들은 아시리아인들이 기독교인이라는 것과 기독교인들은 아랍인 무슬림들보다 우수하다는 생각을 심어주었다. 친영 노선을 유지하던 아시리아인들은 이라크 아랍인들에게 껄끄러운 민족이었다. 또한 영국이 지배하는 동안 영국군의 요청에 따라 쿠르드인들을 보복하는 작전에 참여해왔으므로 영국이 통치하지 않는 상황에서는 쿠르드인들의 보복을 두려워하지 않을 수 없었다.

아시리아인들은 그들만의 독립된 국가를 세울 적당한 지역을 물색하고 있었다. 그러나 다른 민족이 거주하지 않는 넓은 땅을 확보하지 못하자 족장 마르 샤문Mar shamun을 중심으로 아시리아 민족만을 위한 자치권을 요구했지만 영국과 아랍인들은 반대했다. 영국군 치하에 있을 때 갖고 있던 무기들을 내세워 그들의 힘을 과시하면서 자치를 요구했으나 끝내 받아들여지지 않았다. 이라크 정부는 1933년 중반에 마르 샤문을 가택 구금한 후 다시는 자치를 요구하지 않겠노라고 서류에 서명할 것을 요구했다.

그해 7월 800여 명의 아시리아인들이 시리아 국경으로 향했다. 파이살왕은 건강상의 이유로 이라크에 없었고, 당시 내무장관이었던 술레이만은 아시리아인의 제거를 정책 목표로 채택했다. 이 정책은 쿠르드인 바크르 시드키 장군이 집행했는데, 그는 아시리아 마을 시멜에서 여자와 어린아이를 합쳐 300여 명을 살해했다. 파이살왕은 해외에서 이 소식을 듣고 놀라 8월 2일 귀국했다. 그러나 내각은 왕의 말을 무시했고, 다시 치료를 하기 위해 스위스의 버른으로 떠났던 왕은 그곳에서 9월 8일 심장마비로 사망했다.

파이살이 죽자 21살인 그의 아들 가지Ghazi(1933~39 재위)가 왕위를 계승했다. 파이살왕은 영국과 이라크 간의 협약으로 민족주의자들과 영국의 압력을 적절히 조절할 수 있었지만, 가지왕은 부족과 공동체 간의 분파주의와 영국이 이라크 내부 문제에 지나치게 간섭한다고 불평하는 사람들을 통제할 수 없었다. 이런 상황은 중동에서 권력을 유지하는 방편으로서 군대가 정치에 개입하는 계기를 만들어주었다.

이라크 군인들의 쿠데타

1936년 이라크에서 군인들이 처음으로 쿠데타를 일으켰다. 이 쿠데타는 아랍의 현대사에서 처음 있는 일이었다. 쿠데타의 주역은 투르코멘족인 바크르 시드키 장군과 시아파 정치인 술레이만과 아부 팀만이었다.

이라크는 1936년과 1941년 사이에 쿠데타가 일곱 번이나 있었는데, 왕은 그대로 두고 내각이 바뀌는 쿠데타였다. 모두 정치적인 문제보다는 주로 개인적인 야망 때문에 일어났다. 1938년 술레이만의 후계자 미드파이Midfai 내각이 집권하고 있을 때 쿠데타가 일어나 누리Nuri가 새 총리가 되었다 1939년 4월에 가지왕이 자동차 사고로 사망하자 그의 어린 아들 파이살 2세가 왕위를 승계하고 사망한 가지왕의 조카 압드 알일라가 섭정을 했다. 그러나 다음해 2월 또다시 쿠데타가 일어나 누리 총리는 권좌에서 내려와야 했다.

1937년 이후 이라크와 영국의 관계는 악화되었는데, 그 이유는 영국의 팔레스타인에 대한 정책에 이라크인들이 반발했기 때문이다. 또한 많은 정치인들이 민족주의 진영으로 옮겨가자 독일은 이 기회를 이용해 이라크가 추축국樞軸國인 독일, 이탈리아, 일본의 편을 들어주기를 바랐다. 하지만 이라크는 영국과의 협약 준수 의무 때문에 1939년 독일과 외교 관계를 끊었다. 누리 총리에 이어 민족주의자 라쉬드 알리가 총리가 되었지만 추축국 문제로 어려움을 겪었다. 라쉬드 알리는 이탈리아와 외교 관계를 끊으라는 민족주의자들의 요구를 거절했다.

영국과 밀접한 협력 관계를 맺고 있던 섭정 왕자(압드 알일라)와 누리는 라쉬드 알리의 정책에 반대했다. 섭정 왕자는 그를 사임시키겠다고 위협하며 의회를 해산하라고 요구했으나 거절당했다. 위험을 느낀 라쉬드 알리는 군인들을 자기편으로 끌어들여 실권을 유지했다. 이로써 이라크 현대사에서 다섯 번째로 군인이 정치에 개입하게 되었다. 그러자 섭정 왕자와 누리는 트랜스 요르단으로 도망쳤다. 1941년에는 이라크 장성 네 사람이 또다시 쿠데타를 일으켰다. 라쉬드 알리는 군사 정부의 제일인자가 되어 초국가주의적(국수주의적) 문민 내각을 구성했다. 그러나 영국은 이 내각을 인정하지 않았다.

1941년 4월 이라크 정부가 조건부로 영국군이 이라크에 상륙하는 것을 허락했으나 영국은 이를 무시하고 바스라에 군대를 상륙시켰다. 영국은 1930년에 맺은 영국과 이라크 간의 협약을 라쉬드 알리가 위반한 것을 들추며 두 번째로 이라크를 점령하는 것을 정당화했다. 이제 막 독립을 맛본 많은 이라크인들은 영국군의 이라크 상륙을 다시 식민통치 시대로 돌아가는 것으로 인식했다. 이라크 국민들은 이라크 군대를 지원하자는 궐기대회를 열었고, 많은 비행기를 추축국으로부터 사들였다. 영국이 점차 진격해오자 라쉬드 알리와 내각의 관료들은 이집트로 도망갔다. 5월 30일에 휴전을 하자 압드 알일라는 다시 돌아와 도망간 라쉬드 알리와 네 명의 장성에게 사형을 언도했다. 결국 장성 네 사람은 이라크로 돌아와 처형되었고, 라쉬드 알리는 망명길에서 돌아오지 않았다.

1943년 1월 이라크는 1930년 영국과의 협약에 따라 추축국과의 전쟁을 선포했다. 누리 내각(1941~1944)과 함디 알 파차치 내각(1944~1946)이 통치하는 동안 이라크는 영국과 완벽한 협력 관계를 유지했다. 이로써 영국은 이라크를 레반트와 이란을 점령하기 위한 기지로 삼았다. 이라크는 아랍 국가들 중 가장 먼저 독립을 했으면서도 아랍에서 주도적인 국가가 되지 못했다.

이라크는 1947년 유엔의 팔레스타인 분할안에 대해 반대하고, 1948년 5월 15일에 일어난 아랍·이스라엘 전쟁에 수백 명의 병사들을 모집해서 보냈다. 전쟁이 일어나자 이라크는 8,000~10,000명의 정규 군인을 더 파병했다가 1949년 4월 철수했다. 많은 이라크 유대인들이 전쟁 후에 이스라엘로 이주했는데, 특히 1951~1952년 사이에 약 12만 명의 유대인이 이스라엘로 이주했다. 아랍·이스라엘 전쟁으로 이라크 정부는 막대한 손실을 입었는데, 우선 송유관을 통해 지중해로 나가는 길이 차단되었다. 1949년 새로운 송유관이 트리폴리까지 연결되었고, 1952년에는 시리아의 바니야스까지 연결되었으나 1948~1953년 동안 이라크는 흉작과 과다한 전쟁 비용 때문에 경제가 매우 어려웠다.

친 서방과 범아랍주의 확산

이라크가 1948년 이스라엘이 창설하는 것을 반대했는데도 친 서방 노선을 지지하는 사람들은 많아졌고, 정부가 서방과 손을 잡자 정부에 반대하는 국민들이 늘어났다. 경찰국가를 자청한 누리 내각은 국민들이 정치적 입장을 표현하는 것을 제한했기 때문에 국민들의 원성이 자자했다. 대중들에게는 범아랍민족주의가 인기를 끌고 있었고, 중산층은 이라크가 다른 아랍 국가와 긴밀한 관계를 맺기를 바랐다. 이런 경향은 영국과 프랑스가 1956년 10월 11월 수에즈 운하를 놓고 이집트를 적대적으로 대했을 때 더욱 거세졌다.

이라크의 하쉼 왕국은 1958년 7월 14일 압드 알카림 까심

(재위 1933~1939) 여단장과 압드 알 살람 아리프가 이끄는 19여단의 장교들이 쿠데타를 일으킴으로써 종지부를 찍었다. 이라크 총리 자리를 꿰찬 까심은 나중에 이 쿠데타를 몇 년에 걸쳐 준비했다고 밝혔다. 이라크인들이 '1958년 혁명'이라고 부르는 이 거사는 전혀 저항을 받지 않았다. 파이살 2세와 압드 알일라는 처형되었고, 왕가의 많은 사람들도 유명을 달리했다. 누리는 여성 복장을 하고 도망가다가 붙잡혀 처형당했다. "이라크의 강자인 누리와 압드 알일라가 죽었다!"라고 외치며 바그다드의 시민들은 혁명을 알렸다.

새로운 정권의 지도자들은 이라크가 공화국이라고 선언하고, 개혁, 인류 평등, 아랍 세계가 하나로 통합되고 비동맹 외교 정책을 추구하는 민주적인 이라크에 대한 청사진을 제시했다. 까심은 또한 공산주의, 미국식, 영국식, 파시스트 등 모든 외국의 이데올로기를 거부한다고 선언했다. 혁명이 일어난 두 달 뒤 처음으로 분열할 조짐이 있었는데, 부총리 아리프가 영향력 있는 바아스당에 동정의 눈길을 보내면서 아랍 연합 공화국(UAR)과 긴밀한 유대를 가져야 한다고 선언했다. 까심은 곧장 그를 해고하고 이라크 국익에 해로운 일을 했다는 혐의로 체포했다. 1959년 1월 아리프는 반역죄 혐의로 재판을 받아 사형이 언도되었으나 1962년 12월 사면되었다.

한편에서는 민족주의자들과 점차 증가하는 공산주의자 간의 알력이 이라크의 안정을 깨뜨리고 있었다. 범아랍 바아스당과 친 나세르(이집트 대통령, 자말 압드 알 나세르) 진영과 정치적 균형을 위해 묵인한 이라크 공산당이 1958년 이후에 빠르게 세력을 얻어 정부 기관을 비롯한 모든 사회 기관 그리고 정치 조직에 파고들었다. 공산당은 인민 저항군이라는 이름으로 불리면서 전문 기관이나 군대를 통해 활동했다. 키르쿠크에서 인민 저항군의 지원을 받은 쿠르드인들과 투르코멘인들 사이에 충돌이 벌어져 사상자가 생기자 까심은 그 책임을 물어 인민 저항군의 해체를 명령했고, 이라크 공산당의 활동을 제한했다.

또한 친 나세르 진영의 사람들은 줄기차게 까심에게 저항했다. 1959년 까심의 생명을 노린 총격 사건이 일어났으나 다행히 그는 가벼운 부상만 입었다.

까심은 경제 개발과 토지 개혁을 단행해 국민의 지지를 얻으려고 했으나 관료들의 태만과 1961년 9월에 일어난 쿠르드족의 반란이 겹쳐 이루지 못했다. 그가 통치한 기 간에는 친소련 정책을 폈고, 독불장군이라는 그의 별명에 맞는 지도력 때문에 범아랍주의가 기승을 부리던 1963년 2월 8일 까심 정권은 무너지고 만다. 까심은 그 다음날 처형되었다. 그를 좋아한 가난한 도시 사람들은 그가 언젠가 마흐디(종말에 정의를 확산시키는 이맘)로 돌아올 날을 기다렸다.

까심은 재임하는 동안에 쿠르드인들의 마음을 얻고자 힘썼다. 그는 개인적으로 옛 소련에 수년간 추방되어 있던 쿠르드 야당 지도자인 무스타파 바르자니를 불러들였다. 까심은 쿠르드인들의 자치를 반대했기 때문에 쿠르드인들이 쿠르디스탄을 세우는 데 필요한 땅에 대해서 관심을 두지 않았다. 뒤늦게 이 사실을 안 바르자니는 1960년대 말 이라크 북부 고지에서 그의 입지를 다지기 시작했고, 1961년 망명에서 돌아온 뒤에 는 자신이 세운 쿠르디스탄 민주당의 당수가 되어 많은 쿠르 드인들과 함께 반정부 소요를 주도했다. 같은 해 3월 말 그는 쿠르디스탄 자치 국가를 세웠음을 공표했다.

쿠르드인들은 이라크-터키와 이라크-이란 국경에 걸쳐 있는 산지에 나라를 세웠다. 1962년 봄과 여름에 걸쳐 이라크 중앙 정부군이 쿠르드인들을 진압했으나 가을에는 쿠르드인들 이 다시 그 지역을 되찾았다. 1963년 쿠르드인들은 바그다드 북동쪽 150킬로미터쯤에 있는 카나킨까지 내려왔다. 술라이마 니야 협상의 결과로 1964년 정부와 쿠르드인들이 휴전을 했는 데, 정부는 새로운 임시헌법에서 쿠르드 민족의 주장을 받아들 이기로 하고 쿠르드인 반란에 참여한 자를 모두 사면했다.

1963년 이라크에는 쿠데타가 두 번 있었는데, 2월 쿠데타 에서 바아스당Arab Socialist Baath Party(1947년에 창당한 시리아와 이라크의 세속적인 아랍 사회주의 정당)의 당원들이 까심을 몰 아냈다. 아마드 하산 알 바크르는 바아스당의 지도자로서 총 리가 되었고, 아리프는 대통령이 되었다. 그러나 바아스당 안 에서도 친 나세르파와 친 시리아파로 세력이 나뉘어 있었다. 1940년대 시리아에서 창설된 바아스당의 이념은 아랍 통합과 자유와 사회주의였다. 이라크에서 바아스당의 회원들은 이집 트와 연합하자는 사람들과 이를 반대하는 사람들로 나뉘었다.

2월 쿠데타 이후 이집트와 시리아, 이라크가 포함된 아랍 연합 공화국(United Arab Republic)을 창설하자는 움직임이 있었다. 그러나 1963년 다마스쿠스에서 친 나세르 폭동을 진압하자 이집트와 시리아의 관계는 악화되었다. 1964년에는 이라크와 이집트가 군사, 경제, 사회, 문화 분야에서 통합하는 절차를 서둘렀다.

1964년 7월 아리프는 "지금부터 새로 만들어지는 모든 정당은 이라크 아랍 사회주의 연합(Arab Socialist Union)에 속하게 된다"고 했다. 아리프는 1961년 나세르 이집트 대통령이 시작한 사회주의 프로그램을 그대로 따라하고 있었다. 그러나 이집트와 통합할 시기가 가까워지고 있을 때 아리프는 통합에의 열정을 잃어버렸다. 친 나세르파 각료들이 해고되고 다른 사람들은 스스로 사임했다. 새 수상인 아리프 압드 알 라자크는 친 나세르파였다. 대통령 아리프가 나세르 진영에서 떠나려 하자, 알 라자크는 1965년 9월에 쿠데타를 일으켰으나 실패했다. 알 라자크의 첫 쿠데타 시도 후 아리프 대통령은 압드 알 라흐만 밧자즈Abd al-Rahman al-Bazzaz를 내각 총리로 임명했다. 이집트로 도망갔던 알 라자크는 1966년 6월 다시 쿠데타를 시도했으나 실패하고 말았다. 현대 이라크 역사에서 일어난 대부분의 쿠데타 혹은 쿠데타 시도는 정권에 깊이 연루된 사람들이 주도했다.

밧자즈는 왕정 이후로 민간인 출신의 첫 총리였다. 아랍 민족주의자인 밧자즈 총리는 온건 노선의 경제 정책을 폈으나 자신은 '사려 깊은 사회주의'라고 표현했다. 그는 경제 5개년 계획(1965~1969)을 달성하려고 힘썼고, 개인과 외국인 투자를 장려했다. 1965년 경제가 빠르게 성장하고 있었으나 쿠르드 문제와 연이은 흉작 그리고 실현 불가능한 개혁 드라이브로 엄청난 비용이 들어가 경제 발전 속도는 완만해졌다.

정부의 최우선 과제는 쿠르드 문제를 해결하는 것이었다. 1965~1966년 겨울 정부군과 쿠르드 간의 충돌로 사상자 수는 엄청났다. 우발적인 전투가 끊이지 않자 쿠르드인들은 이란-이라크 국경 지역에 자리를 잡았다. 이 때문에 심해진 이란과 이라크 간의 긴장 관계가 1966년 초에는 더욱 악화되었다. 그해 6월 밧자즈 총리는 쿠르드인들과의 충돌을 잠재울 긴급 제안을 했다. 즉, 사면을 크게 단행하고 쿠르드 지역에서 쿠르드어를 아랍어와 동등하게 사용할 수 있고, 쿠르드인들이 교육, 보건 등에서 지방 자치를 하도록 허용한 것이다. 그는 또한 정부 관리에 쿠르드인들을 임용하겠다고 약속했다. 마침내 15,000명의 쿠르드 군대들이 해산하면서 쿠르드 문제는 모두 해결된 것으로 여겨졌다.

그러나 좌익 정치인들과 지식층은 밧자즈가 사우디아라비아와 이란과의 친선 관계를 먼저 시작한 일을 두고 비난하기 시작했다. 아리프 대통령은 밧자즈가 사임할 것을 요구했고 그의 후임으로 친 나세르파 나지 딸립Naji Talib(총리 재임 1966~1967)을 임명했다. 딸립은 쿠르드인들의 요구를 들어주면 앞으로 이라크가 아랍 국가라는 국가의 성격을 희미하게 만들

수 있는 잠재적인 위험이 있다고 보았다. 그러나 아리프는 밧자즈의 정책을 계속 시행해야 한다고 주장하면서 쿠르드인을 각료직에 임명하겠다고 약속했다. 그래서 1967년 5월에는 이전보다 더 많은 쿠르드인들이 입각했다.

아리프 대통령은 밧자즈가 시작한 이란과의 우호적인 관계를 유지하기 위해 애쓰고 있었다. 1967년 봄 그는 테헤란을 방문해 이라크와 이란이 나프트 샤와 나프트 카나 국경 지역에서 합동으로 석유 탐사를 하기 위해 여러 차례 모일 예정이라고 발표했다. 그들은 남부 이라크와 이란의 국경에 있는 샤트 알 아랍강으로 항해하는 모든 선박의 통행료를 징수하는 문제와 항해권, 그리고 만일 그 해역에서 석유를 발견한다면 중대한 사안이 되기 때문에 페르시아 만 대륙붕 한계선에 대해서도 계속 협의하기로 했다. 쿠르드 문제 때문에 이라크 처지에서는 이란과 친선 우호관계를 맺는 것은 매우 중대한 사안이었다.

그러나 1967년에 일어난 아랍·이스라엘 전쟁은 아리프의 외교적 노력을 허사로 만들었다. 이라크 정부는 아랍 국가들과 협력해서 요르단으로 이라크 군대를 파병했다. 이라크 공군 기지가 6월 5일 이스라엘의 선제공격 대상에 포함되었다. 이라크는 이스라엘을 돕고 있는 것으로 알려진 미국, 영국과 외교 관계를 끊었다. 이라크는 아랍 산유국들을 소집해 미국과 영국으로 석유를 수출하지 않을 것을 제안했다.

점차 서방과 관계가 좋아지면서 석유 수출 금지도 해제되었다. 1968년에 영국과의 외교 관계를 재개했지만 아직 미국과는 외교 관계가 단절된 상태였다. 또한 프랑스의 드골 대통령이 전쟁 중에 이스라엘을 비난하고 나서자 이라크와 프랑스와의 관계는 활발해졌다. 1968년 2월 아리프가 파리를 공식 방문했고, 1969~1973년에 걸쳐 미라주 제트기 24대를 이라크에 공급하겠다고 프랑스가 발표했다.

1968년 7월 17일 또다시 쿠데타가 일어났다. 쿠데타를 일으킨 사람들은 바아스당 출신자들과 보수적인 군 장성이었다. 아리프는 추방되었으며, 총리 타히르 야흐야는 부패 혐의로 감금되었다. 1963년 쿠데타 이후로 총리가 되었던 아흐마드 하산 알 바크르Ahmad Hassan al-Bakr 장군이 대통령(1968~79 재임)이 되고, 압드 알 라자크 알 나이프 대령이 총리, 이브라힘 알 다우드 대령이 국방장관 그리고 초대 내각에 쿠르드인들이 두 사람 있었다. 알 바크르는 이라크 역사상 처음으로 바아스당의 당원으로서 국가 원수가 되었다.

알 바크르의 절친한 협력자들 중에 가장 우두머리격인 사람은 사담 후세인 알 티크리티Saddam Hussein al-Tikriti였다. 알 바크르의 조카 함마드 시합 알티크리티는 다른 바아스 당원들과 함께 다시 쿠데타를 일으켰다. 각료들을 전부 해임한 알 바크르 대통령은 총리, 군 총사령관, 혁명위원회 의장직까지 떠맡았다. 그러나 온건 보수층이 제외된 혁명위원회는 알 바크르의 도움을 받아 사담 후세인이 지시를 내리는 실질적 통치 기구였다.

현대 이라크와 사담 후세인

사담 후세인

1959년 사담 후세인은 까심의 암살 기도로 사람들에게 크게 주목을 받았다. 사둔 가이단 대령, 알 바크르, 하르단 국방장관, 사담 후세인 그리고 참모총장 함마드 시합은 모두 티크리티 마을 출신이었다. 알 바크르 내각이 구성된 지 두 달이 못 되어 친 나세르파와 아리프 대통령 지지자와 보수적인 군인들이 또다시 쿠데타를 시도했다. 그러나 알 바크르와 사담 후세인은 이것을 반대자들을 숙청하는 빌미로 삼았다. 이들에게 미국과 영국의 정보기관과 공모한 시온주의자(시온주의: 팔레스타인 땅에 유대 민족적·종교적 공동체를 세우자는 운동)라는 혐의를 씌웠다. 언론의 자유는 전혀 없었고, 많은 서구 기술자들이 이라크를 떠났다. 알 바르크는 반대자들을 숙청하고 억압하면서 통치했다.

이라크에서 가장 불안정한 곳은 쿠르드 지역이었다. 1968년 10월 바르자니가 주도한 반정부 활동은 1966년 휴전 이후 처음으로 재개되어, 1969년 3월 쿠르드인들은 키르쿠크에 있는 이라크 석유 회사 시설을 공격했다. 이라크 군대와 공군이 반란을 진압하려 했으나 성공하지 못했다. 진압에 실패한 정부는 쿠르드인들이 이란과 이스라엘의 도움을 받고 있기 때문이라고 판단했다.

이라크 정부는 바르자니와 협상하기 전, 그를 반대하고 있던 잘랄 탈라바니와 이브라힘 아호마드를 지원함으로써 쿠르드 독립운동을 와해시키기로 했다. 그들을 바그다드로 초청해서 신문을 간행하는 것을 허락하고, 바르자니에 대항해 이라크 정부를 도와줄 것을 요청했다. 두 사람이 일부 쿠르드 국민들에게서만 지지를 받는다는 사실을 이라크 정부는 뒤늦게 알았지만 어쩔 수 없이 바르자니와 협상을 해야 했다.

1970년 3월 혁명위원회와 바르자니는 15개 평화안에 합의했음을 발표했다. 하지만 이 평화안은 밧자즈와 쿠르드인 간의 협상을 다시 협상 테이블에 올려놓은 것에 불과했다. 이 협상안은 각료 중 쿠르드인들이 다섯 사람이 참여하고, 주요 쿠르드인 집중 지역에는 쿠르드인 행정관과 직원을 두도록 했다. 그리고 쿠르드어와 아랍어를 같이 사용할 것을 정했고, 임시 헌법에 쿠르드인들의 권리를 명시하였으며, 특히 바르자니가 이끄는 만 오천 명의 쿠르드 자위대는 그대로 유지하도록 하고 이들이 공식적인 이라크 국경 수비대(일명 페쉬 메르가 Pesh Merga, 죽음을 각오한 사람들)가 된다는 것이 포함되었다. 그러나 이 협상안은 쿠르드 자치 구역이 정해지지 않았기 때문에 만족스런 대안은 아니었다. 바르자니가 평화안에 서명하고 있을 때 그의 군대는 북으로는 자쿠 그리고 남동쪽으로는 할라브자에 주둔하고 있었고, 이미 대부분 지역에서 쿠르드인 자치가 이뤄지고 있었다. 부통령 암마쉬 장군은 이라크 석유 회사의 국유화 운동을 벌이면서 쿠르드인들과 화해하는 것을 반대하는 그룹을 이끌고 있었다.

1971년 암마쉬의 동료 중 한 사람이 쿠웨이트에서 살해되고, 6개월 후에는 암마쉬와 외무장관이 해임되자 사담 후세인이 혁명위원회 부의장이 되었다. 당시 사담 후세인은 이라크의 지역 바아스당 사무차장을 맡고 있었다. 이런 와중에 알 바크르의 건강은 급속히 나빠지고 있었다.

혁명위원회는 회원들과 언론에 자신들의 이름 중 지역 연고를 나타내는 이름이나 부족의 소속을 나타내는 이름은 쓰지 말 것을 요구했다. 가령 '사담 후세인'의 경우, 원래 그의 이름은 '사담 후세인 알티크리티'였으나 알티크리티를 쓰지 말라고 한 것이다.

사담 후세인은 과도한 외교 정책과 내부 치안 특히 쿠르드인들과 내부 갈등에서 오는 경제적 어려움을 우선 해결해야 했다. 쿠르드인들과 관계가 안정된 지 1년이 지났는데도 쿠르드인들에 대한 정부의 공식적인 정책은 아무것도 이뤄지지 않고 있었다. 그래서 바르자니는 이라크 정부에 국가 예산 중에 단 10%라도 쿠르드 지역 발전을 위해 써 달라고 요청하고, 또한 쿠르드인 대표를 혁명위원회 회원으로 받아줄 것을 요구했다.

1973년 7월 치안 경찰청장 나짐 카자르가 이끄는 바아스당 내부에 분열이 생겨 쿠데타 시도가 있었으나 실패했고, 이 와중에 함마드 시합 국방부장관이 사망했다. 혁명위원회는 대통령이 더 많은 권한을 갖도록 헌법을 개정했다.

1973년 10월 재개된 이란과의 외교적 관계는 1974년 국경에서 일어난 충돌로 다시 악화되었다. 8월 유엔의 중재로 관계를 회복하기 위해 이스탄불에서 이라크와 이란 간에 여러 차례 회담이 열렸으나 결국 쿠르드 문제 때문에 합의를 이끌어내지 못했다.

1968년 집권한 바아스당 정권은 과도기 헌법을 공표했다.

제1장은 주권이 국민에게 있는 민주공화국이다. 이런 목표를 가지고 연합 아랍 국가를 성취하고 사회주의제도를 확립한다. 이라크는 아랍 국가이며 아랍인과 쿠르드인 두 민족을 포함한다. 종교의 자유가 있다. 아랍어는 국가의 공용어이며, 쿠르드인 집중 지역에서는 쿠르드어가 아랍어와 동등하게 공용어로 사용된다. 다른 소수파의 권리는 종교적

목적으로 혹은 라디오 방송 혹은 교육 기관에서 그들의 언어를 사용할 수 있다. 임시 헌법의 규정에 따라 술라이마니야, 다훅, 아르빌 등 쿠르드인 다수가 사는 지역에서는 제한된 자치가 허용된다.

1974년 3월 11일 쿠르드인들의 자치가 시행될 최종 시한이 다가오고 있었다. 혁명위원회 부의장 사담 후세인은 이라크는 쿠르드인들에게 제한적인 자치를 허용한다고 발표했다. 쿠르드 혁명당은 이라크 정부의 제안을 받아들였으나 바르자니는 쿠르드인들의 정부 참여가 부족하다는 이유를 들어 거부했다. 그러자 쿠르드족 국경 수비대가 무장 폭동을 일으켰다. 혁명위원회는 내각에 있는 5명의 쿠르드인을 사담 후세인의 말을 잘 들을 만한 사람으로 교체해버렸다.

1974년 이란에서 들여온 각종 장비로 무장한 쿠르드 국경 수비대는 정부의 공세를 잘 막아냈다. 13만 명의 쿠르드인이 이란으로 피난을 떠났다. 이란의 도움 없이는 쿠르드인들이 폭동을 계속 일으킬 수 없었다. 결국 3월 13일 휴전이 성립되었으나 바르자니를 포함해 20여 만 명의 쿠르드인들은 이란으로 도망갔다.

사담 후세인 대통령

1979년 7월 16일 알바크르 대통령이 공식으로 사임하고 사

담 후세인이 이라크 공화국 대통령이 되었을 때 놀란 사람은 아무도 없었다. 그는 지역 바아스당 사무총장, 혁명위원회 의장, 군 총사령관을 겸직했다. 후세인은 나중에 의회에서 대통령직 비준을 받았으나 서둘러 권력을 장악하려고 전임자의 은퇴를 교묘하게 처리했다. 내각이 곧 개편되고

2006년 사형이 언도된 사담 후세인

잇자 이브라힘Izzat Ibrahim(알 두리 al-Duri)이 혁명위원회 부의장으로 임명되었다. 따하 라마단 알자즈라위는 첫 번째 부총리가 되었다. 국민들이 보기에는 권력이 자연스럽게 넘어간 것처럼 보였으나 실제로는 바아스당 내부에서 여러 주요 당원들이 쿠데타를 시도했고 이어서 체포와 처형이 이어졌다. 이런 과정에서 알 바크르 대통령이 재빨리 떠난 것이다.

사담 후세인 대통령의 취임식이 있은 지 10일 후 또다시 쿠데타 시도가 있었다. 사담 후세인은 바아스당과 혁명위원회의 다섯 사람이 정부를 전복하려다 발각되었는데, 외부 세력(시리아 연루설)이 개입되었다고 발표했다. 무히 알딘 압드 알후세인, 무함마드 아이쉬, 아드난 후세인, 무함마드 마흐줍, 가님 압드 알잘릴 등의 피의자들은 모두 구속되었다. 처음 세 명은 최근 내각 개편 명단에서 빠진 자들이고, 나머지 둘은 고위층

관료들이었다. 그러나 쿠데타에 가담한 이들 다섯 명을 포함해 모두 22명이 10일 후에 처형되었다. 당시 처형된 혁명위원회 다섯 사람 중 세 사람은 시아파였다. 시아파의 폭동이 일어난 뒤였기 때문에 이란과 연루된 시아파들이 새 지도자에게 불만을 품고 쿠데타를 일으키려 한 것으로 잠정 결론을 내렸으나, 실제로 1979년 7월 쿠데타의 원인에는 시아파 혹은 바아스당의 좌익 세력도 아닌 시리아가 연루되었다는 것이다. 시리아 정권은 이라크 정부 전복에 시리아가 연루되었다는 설을 부인했다. 이라크인들도 아랍 관계가 악화될 것을 염려, 공개적으로 시리아 연루설을 언급하지는 않았다.

쿠데타가 터지기 전에 시리아와 이라크의 국가 통합 가능성에 대해 의견이 오가고 있었다. 그러나 사담 후세인은 하피즈 알 아사드Hafiz Al-asad(재임 1971~2000) 시리아 대통령이 주도적으로 움직이는 양국 간의 통합 움직임을 반대하고 있었다. 당 안에서는 후세인이 대권을 차지하면 자신들의 미래가 불안해지므로 사담에게만 권력이 집중되는 것을 반대하는 사람도 있었다. 그러나 사담 후세인은 자신에게 다가오는 기회를 놓치지 않았다. 대권을 막는 어떤 사람도 심지어는 가장 가까운 동료가 그를 반대하는 것도 용납하지 않았다.

사담 후세인은 지지 기반을 넓혀야 된다는 것을 깨닫고 국회를 개원하기로 결정했다. 1979년 12월 논의가 시작되어 1980년 3월 공표된 국회법은 4년마다 비밀투표를 해서 250명의 의원을 선출한다는 내용이었다. 모든 이라크인들은 18살이 넘으면 투표할 수 있고, 주민 25만 명당 한 선거구를 배정했다. 입후보자는 적어도 25살 이상의 이라크 태생이고 아버지가 반드시 이라크인이어야 한다고 규정하고, 만일 어머니가 이라크인이 아닐 경우는 반드시 아랍 국가에서 온 사람으로 제한했다. 입후보자는 외국인과 혼인할 수 없고, 모든 입후보자는 선거위원회의 심사를 받아야 했다. 그러나 사실은 바아스당의 당 규약에 호의적인 사람만 선출되었다.

1980년 6월 20일, 왕정이 붕괴된 이후 이라크에서 처음으로 선거가 치러졌다. 바아스당이 선거를 휩쓴 것은 말할 것도 없으나 일부 무소속의 의원들이 당선되기도 했다. 6월 30일 첫 의회가 열렸는데 국회의장은 혁명위원회 회원이자 바아스당 당원 나임 핫다드였다.

이란·이라크 전쟁

많은 사람들이 이라크가 이란·이라크 전쟁을 시작한 이유는 1975년 샤트 알아랍이 양국 간에 합의한 것을 번복하기 위해서라고 주장한다. 그러나 1980년에 시작해 8년간 이어진 이란·이라크 전쟁을 자세히 살펴보면 이것이 주된 원인은 아니었음을 알 수 있다.

1979년 이란혁명은 제일 먼저 이라크 북쪽에 있는 쿠르드인들에게 큰 영향을 주었다. 혁명 직후 이란이 북쪽 국경에 대한 경찰 업무를 중단하자 이라크에 있던 쿠르드 게릴라들이 쉽게 이란으로 도피할 수 있었다. 1979년 7월 마스우드와 이드리스 알 바르자니는 1975년 협약을 무시하고 수많은 쿠르드 민주당(Kurdish Democratic Party, KDP) 소속 국경 수비대를 이끌고 이란에서 이라크로 가는 국경을 넘었다. 그들이 바그다드 정부의 전복을 외치자 이에 대한 보복으로 이라크 정부는 이란 정부에 대항해 폭동을 벌이고 있던 쿠지스탄에 사는 이란의 반정부 아랍인들을 적극 지원해주었다. 만일 이란이 이라크 북쪽에서 상호 안보 협정을 준수하지 않으면 이라크도 남쪽에서 이를 준수하지 않겠다는 것이었다.

1969년 시아파 정당인 파티마당은 시아파를 선전하기 위한 정당이었으나 뒤이어 알다아와 알이슬라미야(이슬람 전도당)가 1960년대 말에 형성되어 이란과 연계된 종교 지도자들이 이끌고 있었다. 이라크인 아야톨라 무함마드 바키르 알사드르는 정부가 이슬람의 가르침으로 돌아가야 한다고 주장했다. 그러나 이보다 더 심각한 것은 시아파의 반정부 활동이 아야톨라 호메이니(Khomeini)의 이란혁명(왕정을 무너뜨리고 이란 이슬람 공화국을 시작함) 이후에 두드러졌다는 것이다. 조직화된 시아파의 반정부 활동과 이란의 국가 전복 기도가 1980년 이란·이라크 전쟁의 주요 쟁점 사안이었다.

일부 학자들은 이 전쟁이 호메이니와 사담 후세인 개인의 의지를 시험한 것이라고 말하기도 한다. 13년 동안 알나자프에서 망명 생활을 한 호메이니가 1978년에 그를 쫓아냈던 사담을 좋아할 리 없었다. 사담의 처지에서는 이제 막 대통령에 취임한 혁명가이자 호전적인 이슬람 지도자가 이라크에 치명적인 위협이 되도록 내버려둘 수는 없었다. 두 사람의 개인적인 불편함 뒤에 숨어 있는 이데올로기의 갈등은 이라크의 세속적인 아랍 민족주의와 사회주의 그리고 이란이 전투적으로 벌인 시아파 이슬람주의가 이라크에 전파되는 것을 거부하고 있었다.

이란의 이슬람혁명 전파 실패

이란과 벌인 8년간 전쟁은 이라크 남자들에게 매우 고통스러웠다. 이라크 여성들은 남편과 아들을 대신해서 그들의 일자리를 대신했다. 1979년 10월 30일, 이라크는 1975년 협정을 거부하고 이란이 소수의 이란 사람들을 보호한다는 구실로 점령한 걸프 지역의 섬들에서 무조건 철수할 것을 통보했다.

1980년 4월 1일, 바그다드는 중대한 전환기를 맞고 있었다. 대중 집회 중에 누군가 사담 후세인의 오른팔격인 따리끄 아지즈에게 수류탄을 던지는 사건이 일어나 여러 명의 학생들이 죽거나 다쳤고, 따리끄 아지즈는 가벼운 부상을 입었다. 이 사건에 이어 4월 5일 희생자들을 위한 장례식에서 또 다른 폭탄이 터져 많은 사람이 죽거나 다쳤다. 4월 12일에는 당시 문화공보부장관을 암살하려는 사건이 터졌다. 이라크 정부는 시아파 알다아와 알이슬라미야 당원들을 모두 체포하고 수천 명의 이란 태생의 시아파들을 이란으로 추방해버렸다. 추방된 숫자

는 4월 중순에 16,000명에 이르고 여름까지는 총 35,000명에
이르렀다.

1979년 6월에 일어난 시아파의 폭동은 아야톨라 바키르 알
사드르가 주도했는데, 호메이니를 축하하기 위해 이란까지 행
진하기를 바랐으나 이라크 정부가 이를 저지했다. 며칠 동안
폭동이 이어지자 정부는 군대를 투입해 진압하고 시아파 정당
알다아와 알이슬라미야당은 이란의 지원을 받아 정부를 전복
하려고 세운 정당이라고 선언했다. 당원 중에는 무자히딘
Mujahidin(지하드를 감행하는 무슬림) 시아파 사람들이 포함되어
있었다. 급기야 알다아와 알이슬라미야당의 당수 알사드르는
곧 체포되어 처형되었다. 이제 시아파에서는 더 이상 정부를
반대할 수 없었고, 오히려 호메이니를 비난하는 시아파 무슬
림이 늘고 있었다. 하지만 이란의 영향을 강하게 받은 알나자
프와 카르발라에서 시아파 반정부 활동이 격화되고 있었다.

이란이 약해지기를 기다리고 있던 사담 후세인은 1980년 9
월 승리를 낙관하며 이란을 쳐들어갔다. 그러나 아랍 사가들
은 사담 후세인이 정치적 오판 때문에 전쟁이 일어났다고 적
고 있다. 무엇보다도 전쟁 초기 이란은 크게 손실을 입었으면
서도 혁명 수비대의 비정규군과 이란 정규군의 사기는 이라크
군대의 사기보다 높았다.

1981년 5월 이란이 중부와 북부 전선에서 반격을 개시하자
이라크 군대는 물러설 수밖에 없었다. 10월에는 이란 군대가
이라크 군대를 카룬 강 건너편으로 몰아냈다. 1982년 6월 사

담 후세인이 이라크군 철수를 발표했지만 이란 군대는 사담 후세인 정권과 바아스당을 전복하고 이슬람 공화국을 세우겠다는 목표로 가지고 계속 공격했다. 1982년 여름, 이란은 바스라를 차지해 바스라와 바그다드 교통로를 끊어놓으려 했으나 번번이 실패했다. 1983년과 1984년 이란은 비정규군까지 투입해 인간 방패로 삼아 여러 지역에서 공격을 계속했다. 그러나 이라크는 헬리콥터와 전투기를 동원해 한순간에 이란이 점령한 지역을 빼앗고 심지어 이란 영토를 공격해 이란은 많은 사상자를 냈다.

1984년 초 이란은 마침내 작은 전과를 얻었는데, 그것은 알쿠르나 가까이에 있는 석유 탐사 지역에 만든 인공 섬 마즈눈을 장악한 일이었다. 이라크는 그 지역에 홍수가 나게 해 습지로 만들었으나 이란 군대를 쫓아내지는 못했다. 마즈눈 전투가 벌어지는 동안 이란은 50만 군대를 이끌고 남부 지역에서 마지막 공세를 벌이고 있었다. 이때 외신에서는 이라크가 새로운 무기인 가스를 사용했다고 보도했다. 이란은 마즈눈과 일부 이라크 지역에서 약간의 진전이 있었을 뿐 수많은 인명 손실을 입고 있었다.

1983년은 이란·이라크 전쟁이 전환점을 맞고 있었다. 이라크는 경제 복구를 위해 아랍 걸프 국가에 도움을 요청했다. 걸프 국가들은 이란혁명이 밖으로 번지는 것을 막아야 한다는 데 공감하고 이라크를 적극 도왔다. 그러나 1983년 석유 시장에서 유가가 하락하고 이란의 보복이 두려워 이라크에 대한 지원은 감소하고 있었다.

이집트는 소련제 무기의 부품과 탱크 따위를 이라크에 공급했다. 미국도 이라크에 관심을 보이기 시작해 1983년 여름 이라크 외무차관이 미국을 방문했다. 당시 중동 특사 도날드 럼스펠드가 1983년 12월 이라크를 방문하고 나서 미국은 동맹국들과 우방국들에게 이란과 무기 거래를 중단하라고 압력을 넣었다. 또한 미국은 요르단과 사우디아라비아를 통하는 송유관 공사에 미국 회사가 참여하기로 결정했다. 사우디아라비아는 시리아를 설득해 지중해로 나가는 송유관을 열도록 했고, 이란과 무역을 중단하도록 요구했다.

1984년에 이란의 원유 선적이 늘어나면서 일본, 서독, 심지어 터키도 이란과 큰 규모로 무역을 하고 있었다. 1984년 경제적 사정이 나아지고 무기와 공군력이 우월하다고 판단한 이라크는 교착 상태에 빠져 있는 이란을 협상 테이블로 끌어내려고 했다. 그러나 전쟁은 곧 육지에서 해상으로 바뀌어 이라크는 이란 항구에 정착해 있는 유조선들을 공격했다. 1983년 12월에는 이라크가 샤트 알아랍의 입구에서부터 이란의 항구 부쉬르에 이르는 700마일 구역을 전쟁 지역으로 선포했다. 이라크의 이 같은 항구 봉쇄 작전이 이란의 석유 수입에 영향을 주자, 이란은 5월 13일 바레인 근처에 있는 쿠웨이트 유조선을 공격했고, 5일 후 사우디 바다 위에 있는 사우디 유조선을 공격했다. 이렇게 되자 아랍 걸프 국가들 전체가 위험한 상황이 되었다. 5월 말 유조선이 계속 공격을 받자 이란의 석유 수출이 감소되었다.

이라크 여성의 사회 참여 확대

1984년 중반 이라크는 전쟁 비용이 많이 부족해서 1~2년 안에 전쟁이 끝나지 않는다면 경제를 회복하기 어려웠다. 이라크 남부가 가장 많이 파괴되었으나 중부와 북부는 크게 영향을 받지 않았다. 그러나 이라크 남부에 있는 주요 유전 미나 알바크르와 카우르 알 아마이야가 파괴되어 걸프를 통해서 석유를 수출할 수 없게 되었다.

전쟁으로 인해 많은 사상자가 생기면서 많은 젊은이들이 군에 징집되는 것을 꺼렸다. 더구나 젊은 세대들이 전쟁터에서 많이 죽자 정권을 지지하는 기반이 약화되었고, 노동력이 부족해 여성들이 노동 현장에 뛰어들었다. 그래서 이라크 여성 총연맹에서는 공기업과 사기업에 100만 여성 근로자들을 고용할 계획을 세웠다. 당시 글자를 깨우친 사람들은 모두 다 산업체에서 일을 했다. 1985년 산업 노동인구 중 여성 근로자의 비율이 28%로 증가했다.

오랜 전쟁으로 사회 개발이 늦어지고 수입이 절감되면서 정치도 영향을 받기 시작했다. 이라크 국민들은 사담 후세인 정권을 지지해야 하는지 갈등하기 시작했다. 전쟁 초에는 그의 인기가 아주 높았으나, 1982년 이라크 군대가 후퇴하자 정권에 대한 충성은 약화되고 있었다. 국민들은 전쟁을 일으킨 장본인인 사담 후세인에 대해 점차 불만을 갖기 시작했다. 나아가 사담 후세인에 대한 개인숭배를 원망하게 되었다. 사담을 반대한다는 정보는 입수되지 않았지만 정부 안팎에서 그를 제거하려는 시도가 여러 차례 있었다.

사담 후세인의 유화적 태도는 옛 소련과 협력을 개선하는 데 도움을 주었고, 쿠르드인과의 관계도 상당히 진전했다. 잘랄 알 탈라바니와 쿠르디스탄 애국 연합(Patriotic Union of Kurdistan, PUK)은 이라크 정부와 싸움을 그만두고 사담 후세인의 바아스당과 합류하기로 동의했다. 1984년 1월 휴전이 이루어졌으나 알탈라바니 군대가 정부군과 격돌하면서 1985년 알탈라바니와 중앙 정부의 관계는 다시 소원해지고 말았다.

이란·이라크 전쟁은 이라크의 외교 정책을 좀더 온건하고 실용주의 노선으로 선회하게 했다. 사담은 중동의 맹주로서 야망을 가지고 있었고, 비동맹 운동에 참여했다.

1982년 9월 바그다드에서 열릴 비동맹 회의가 전쟁 때문에 뉴델리로 옮겨지면서 사담 후세인 대신에 인도의 인디라 간디가 다음 4년 동안 비동맹 국가들을 이끌게 되었다. 전쟁은 걸프 지역과 아랍 세계에서 주도적인 역할을 하려고 하는 사담 후세인의 야심을 잠재웠다. 또한 이라크 남부 항구가 파괴되고 소득이 줄어들었기 때문에 전쟁 비용을 대주고 있던 보수적인 걸프 국가들에게 재정적·정치적으로 더 많이 의존했다.

이란·이라크 전쟁은 이라크가 서방과 중동의 전비 지원국들과 우호적인 관계를 맺게 했는데, 대표적으로 이집트가 여기에 해당된다. 애초에 이라크는 이스라엘과 평화적 관계인 이집트를 제외하려고 했으나, 전쟁은 두 나라를 함께 묶어주었다. 그래서 이집트의 무기와 탱크, 지원병들이 이라크에 들어오고, 이집트의 무기 공장에서 이라크에서 사용하고 있는 소련제 무기 부품을 생산해주고 있었다. 또 이라크는 이집트가 아랍 세계에 다시 합류하는 길을 도왔다. 1984년 이라크의 부총리 따하 라마단은 이집트가 범아랍 국가라는 대의를 따르는 아랍 국가라고 간주하고 이집트가 이스라엘과의 평화적 외교 관계를 맺은 것은 국내 문제라고 두둔했다.

이라크는 팔레스타인 문제에 대해서도 상당히 온건한 자세를 갖게 되었다. 무엇보다도 이라크는 이란과 전쟁을 하는 중 미국과 점점 더 가까워져서 강대국의 지원을 받게 되었다. 이라크가 전쟁에서 화학무기를 사용한 것을 두고 미국이 비난했지만 미국과의 외교 관계는 계속되고 있었다.

1984~1985년 이라크 공군이 카르즈 섬에 있는 이란의 석유 시설과 유조선에 막대한 손실을 입히자, 이란은 이라크와 무역을 하고 있는 선박을 공격했다. 이처럼 석유 수출이 점점 어려워지자 걸프 지역에 서방 해군들이 더 많이 주둔함에 따라 미국과 영국, 프랑스 등이 걸프 지역으로 몰려들었다. 게다가 소련은 이라크에 무기 판매를 갑자기 중단했다. 이 같은 소련의 태도는 사담 후세인으로 하여금 서방 국가와 더 밀접한 관계를 갖게 하는 계기가 되었다.

1987년 유조선이 자주 공격을 받자 쿠웨이트는 소련과 미국 유조선을 빌려 쓰기 시작했고, 이것은 미국 해병이 더 많이 개입하는 빌미가 되었다. 이런 상황에서 미군은 여러 차례 이란 해군과 충돌했고, 1988년에는 이란의 해군 시설을 파괴하고, 민간 비행기를 격추하기까지 했다. 이라크가 이란의 석유 시설을 계속 공격하자 이란의 경제적 손실은 매우 커졌다. 걸프 지역에서 미해병이 공개적으로 전쟁에 뛰어들자 이란 정부는 유엔 안보리 결의안 598항에 따라 유엔의 휴전 조항을 받아들일 수밖에 없었다. 결국 이란은 단순히 이라크와 전쟁을 시작했으나 결국 이라크와 긴밀한 관계를 맺고 있는 서방 국가들과도 전쟁을 하고 있다는 것을 깨달았다.

알안팔(전리품) 작전

1985년 1월 사담 후세인은 PUK가 요구하는 쿠르디스탄에서의 재정적인 자치를 거부했다. 당시 쿠르드인들은 키르쿠크에 있는 유전들을 통제하고 있었다. 이것은 바그다드와 쿠르드 간의 협상에서 걸림돌이었다. PUK는 게릴라를 동원하고 테헤란과 관계를 지속하고 있었다. 그 결과 1985년 중반 쿠르드 지역의 치안 상황은 악화되고 있었으나, 이란이 중재해서 경쟁적인 쿠르드 정당 KDP와 PUK가 합의를 해서 많은 다른 쿠르드 소규모 정당들과 함께 자치를 하고 있었다. 다만 중립적인 사람들만 이라크 중앙 정부를 돕고 있었다.

1988년 초 이란의 공습이 뜸해지고 이란의 군사력이 급격히 감소되자 이라크 정부는 쿠르드 지역에 주력했다. 사담 후세인은 어떠한 희생을 치르더라도 쿠르드를 포함한 이라크 전체가 그의 통제권 안에 들어와야 한다고 결정했다. 사담 후세인은 알리 하산 알 마지드에게 새로운 직책과 자금을 대주면서 쿠르드의 모든 저항 세력을 없애버리라고 명령했다. 알안팔al-Anfal(『꾸란』 8장 제목에 나오는 말로서 '전리품'이란 뜻)이라고 부르는 만행이 1988년 2월 자행되었다. 화학무기를 사용하고, 여성과 아이들을 포함해서 군대에 나갈 쿠르드 남자들이 공격 목표가 되었다. 게릴라로 의심되거나 이라크군에서 탈영한 사람들을 체포해서 처형했다. 적과 관련된 마을들은 파괴되고 농장은 줄어들었으며, 살아남은 주민들은 정부가 운영하는 난민촌으로 갔다.

이런 대학살이 이루어지자 쿠르드 게릴라 조직은 힘을 잃었다. 쿠르드에 대한 이란인들의 도움은 아주 적었고, 이란 군대가 1988년 3월 할라브자에서 개입했을 때 이라크군은 더 광폭하게 반응했다. 할라브자에서는 화학무기로 4,000명이 죽고 주민의 나머지는 이란 국경으로 몸을 피했다. PUK 사령부는 1988년 3월 말에 포위되어 더 이상 조직적인 저항 운동을 할 수 없었으나, 1988년 7월 이란과 이라크가 휴전한 뒤에도 KDP가 계속 저항하자 이라크 정부는 전군을 투입해 KDP의 마지막 요새를 공격했다. KDP는 쿠르드인들에게 가족을 터키 국경을 넘어 안전한 곳으로 대피시키고 크게 저항하지 말라고 했다. 8월 말, 모든 조직적인 저항은 끝이 나고 이라크군은 모든 쿠르드 지역을 장악했다. 쿠르드 자치구 세 곳에 있는 마을의 80%가 파괴되고, 대부분의 농토는 접근 금지 구역으로 공포되었으며, 6만 명의 사람들이 생명을 잃었고 체포된 자들은 모두 처형되었다.

이라크 국기에 새겨진 '알라후 아크바르(알라는 위대하다)'

아랍인들은 이란·이라크 전쟁을 제1차 걸프전이라고 부르고, 1990~1991년 이라크가 쿠웨이트를 침공한 전쟁을 제2차 걸프전이라 부른다. 사담 후세인은 이란과

이라크 국기

의 전쟁이 끝난 뒤 쿠르드 반란 세력을 소탕했으며, 시아 이슬람주의자(이슬람을 정치에 이용하는 무슬림)들을 효과적으로 진압해 더 이상 그에게 정치적으로 도전하지 못하게 했다.

이란·이라크 전쟁이 끝나고 난 다음 사담은 두 가지 문제를 긴급하게 해결해야 했다. 첫째는 이라크 장교들을 장악하는 것이고, 둘째는 국가의 경제적 난관을 해결하는 것이었다. 이 두 가지 문제를 해결해야 사담 후세인이 이라크에서 장기집권할 수 있었다. 그의 첫 번째 목표는 장교단이었는데, 이라크 군대가 너무 커지면서 장교단도 상당히 이질화되어 하나로 단결해서 행동할 수 없을 정도가 되었다. 사담 후세인은 당근과 채찍을 사용해 일부 장교들은 전격 기용하고 일부는 쫓아

냈다. 또 전쟁 동안에 유명해진 장교들은 치명적인 사고를 당하거나 가택에 구금되었다. 이런 식으로 사담 후세인은 이라크 장교단이 그에게 대항할 수 없도록 했다. 이들 장교들 중에서 사담 후세인과 같은 고향 출신인 사람들도 있었다. 그중에 마히르 압드 알 라쉬드는 혼인을 통해 사담 후세인과 인척 관계가 되었는데, 예외 없이 그의 형은 죽고 자신은 자리에서 물러나야만 했다.

1998년 말부터 1989년까지 사담 후세인을 암살하려는 음모가 드러나 숙청 작업은 더욱 빨리 진행됐다. 사담 후세인은 이라크군을 더욱 강하게 통제했다. 사담 후세인 반대자들이 사담 후세인 자리에 후세인의 친척을 앉힐 것이라는 이야기가 떠돌자 사담 후세인은 국방장관이자 그의 처남인 아드난 카이랄라 툴파를 의심했다. 1989년 5월 그가 탄 헬리콥터가 충돌해서 사망하자 사람들은 우연한 사고가 아니라고 생각했다.

사담 후세인은 침체된 경제로 골머리를 앓았다. 국내 경기가 부진한 것은 물론이고 대외 부채가 점점 늘어나며 사담 후세인이 강력한 지도자라는 명성은 무색해지고 있었다. 이란·이라크 전쟁 동안에 시작된 경제 자유화는 더욱 확대·강화되어 시장 가격 통제가 쉽지 않았다. 1990년 이라크가 석유 수출로 벌어들인 수입의 50%에 해당하는 외채 부담을 가지고 있었는데, 전쟁 후 재건축, 유가의 약세, 그리고 생활필수품을 수입하는 비용이 석유 세입을 훨씬 앞지르고 있었다.

1989년 사담 후세인은 경제팀을 다시 구성했으나 별다른 도움이 되지 않았다. 정부 고용원을 삭감하고, 군인 모집을 중단하는 것으로 실업 문제를 해결할 수는 없었다. 이라크는 OPEC(석유 수출국 기구)를 설득해 유가를 올려서 석유 세입이 늘어나기를 바랐다. 사담 후세인은 걸프 국가들, 특히 사우디아라비아와 쿠웨이트에 여러 가지 방법으로 도와달라고 요청했다. 그들은 자국의 석유 생산을 줄이고 다른 산유국에 압력을 넣어서 유가를 조정하면 이라크를 도울 수 있을 것이라 생각했다. 그러나 이라크는 전쟁 동안 이라크를 지원했던 걸프 국가들에게 400억 달러 규모의 재정 지원을 차관이 아닌 무상 원조로 지원해 달라고 요구했으나 거부당했다. 이에 실망한 사담 후세인과 그의 각료들은 무상원조를 해주지 않는다면 다른 수단을 써서라도 이 문제를 해결하겠다고 위협했다. 이 기간에 군사력을 사용하자는 제안이 사담 후세인 진영 안에 돌고 있었다. 쿠웨이트가 직접적인 목표였으나 장기적인 목표는 걸프 국가들, 특히 사우디아라비아로부터 양보를 끌어내는 데 있었다. 이러한 계산에 따라 국가를 병합해서 문제를 해결할 수 있는 나라가 쿠웨이트였다.

이라크가 계산한 대로 쿠웨이트가 순순히 말을 들으면 이라크의 재정적인 어려움도 해결하고 또한 사담 후세인의 권위도 높아져서 걸프 지역의 맹주, 그리고 국제 원유 시장의 리더로 부각될 수 있다고 생각했다. 사담 후세인은 1990년 8월 2일 쿠웨이트를 침공했다. 24시간 안에 점령은 끝났고, 쿠웨이트의 자비르 알 사바흐왕과 대부분의 왕가들은 사우디아라비아로 피신했다. 약 30만 명의 쿠웨이트 사람들도 사우디로 피하였다. 이라크는 쿠웨이트 임시정부를 세우고 나서 알 사바흐 왕가를 무너뜨리려는 혁명이 일어나는 것을 막기 위해서 이라크 군대가 쿠웨이트에 들어왔다고 꾸며댔다. 그러나 며칠 있다가 이라크 정부는 이라크 본토로 귀속시키기 위해 쿠웨이트를 병합한다고 발표했다. 8월 말 쿠웨이트는 이라크의 19번째 도가 되었다.

사담 후세인은 영국 제국주의가 이라크와 쿠웨이트를 분리해놓은 것을 이제 아랍 민족 통합을 위해 쿠웨이트를 병합한다고 했지만, 다른 아랍 국가와 국제사회는 사담 후세인을 거세게 비난했다. 아랍연맹은 맹렬하게 이라크를 비난했고, 유엔에서는 이라크와 쿠웨이트의 자산을 동결했으며, 유엔 안보리는 이라크에 대한 경제, 무역 거래 금지를 발표했다. 터키와 사우디아라비아를 통한 이라크 석유 수출이 곧 중단되었다. 이라크군이 국경에 진을 치고 있어 언제든 쳐들어올 수 있다고 느낀 사우디아라비아는 미국에 군사원조를 요청했다. 미국은 이라크에게 쿠웨이트에서 무조건 철수하라고 요구했고, 이것을 구실로 사우디에 50만 명의 미군을 주둔하게 했다.

1991년 1월 15일까지 이라크 군대는 쿠웨이트에서 무조건 철수하라는 유엔 안보리 결의안(678조)이 1990년 11월에 통과되었다. 이 결의안에는 만일 이라크가 순응하지 않을 때는 군사력을 사용하는 것을 허락했다. 1월 16일, 미국을 비롯한 연합군이 공격을 시작했다. 이라크 지상군이 제대로 작전을 펼

치기도 전에 최첨단 무기로 무장한 연합군은 이라크군을 향해 공중 폭격을 쏟아 부었다. 이라크는 이런 공격에 대응할 만한 국방력이 없었으므로 정치적인 대응으로 이스라엘에 여러 발의 미사일을 발사했다.

연합군이 이라크의 군사시설뿐만 아니라, 민간 기반 시설도 공격하자, 결국 사담 후세인은 쿠웨이트를 포기하기로 결정했다. 마침내 1991년 2월 28일 사프완에서 휴전 협정을 했다. 이로써 사담 후세인은 정치적으로 심각한 타격을 받았다. 이제 사담 후세인은 이라크 국민과 주변 아랍 국가들로부터 정치적 지지가 필요했다. 그는 국면 전환을 위해 이라크 국기에 '알라후 아크바르(알라는 위대하다)'라는 문장을 넣었다. 또한 세속적인 무슬림보다는 독실한 무슬림으로 주변 아랍인들에게 인식되길 바라면서 공개적으로 모스크에 나가는 모습을 연출했다.

1991년 3월 초 바스라, 아마라, 나시리야, 나자프 그리고 카르발라 등 시아파 도시를 중심으로 봉기가 일어났다. 이들 지역은 정권이 약해질 때마다 폭동이 자주 일어났던 곳이다. 각 도시의 지도자들은 이슬람주의자와 연계해서 도시를 점령하고, 사담 정권의 협력자이거나 협력자라고 의심할 수 있는 모든 사람들에게 보복했다. 이들은 아야톨라(시아파 최고 성직자) 아부 알까심 알코이를 설득하는 데 성공했다. 많은 시골 지역의 주민들은 그 결과만을 지켜보고 있었고, 일부 지역에서는 주요 부족들과 이라크 정부군이 고용한 쿠르드 부족원이 정부군을 도왔다. 폭동이 일어난 지 2주도 지나지 않아 이라크 공화국 수비대는 폭도들이 점령한 모든 도시를 다시 점령했는데, 이 과정에서 많은 사람이 죽고 남부의 시아파 도시들이 파괴되었다. 1991년 3월 21일, 정부 당국자는 아야톨라 알코이에게 사담 후세인을 지지한다고 선언하도록 시켰다. 5만 명이 넘는 난민들이 사우디 국경으로 피했고, 수천 명의 시아파들이 이란으로 도피했다.

쿠르드인, 혼란을 틈타 반정부 소요

이라크군이 쿠웨이트에서 패배했고, 남부에서 시아파들이 반란을 일으켰다는 소식을 들은 쿠르드인들은 폭동을 일으켰다. 쿠르디스탄 전선(Kurdistan Front) 그리고 KDP와 PUK는 함께 폭동을 일으켜서 1991년 3월 19일에 키르쿠크를 점령했다. 키르쿠크 점령이 반란의 절정이었으나 10일이 못 되어 공화국 수비대가 이끄는 이라크 정부군이 키르쿠크를 다시 점령했다. 반란군들은 주둔지를 옮길 수밖에 없었다. 그러나 알안팔 작전의 기억과 화학무기로 공격한다는 소문 그리고 수많은 민간인들이 사살됐다는 소식이 퍼지자 수만 명의 쿠르드인들은 이란과 이라크 국경 지역으로 피난했다.

1992년 아야톨라 알코이의 사망 후 그의 아들 중 무함마드 타키는 1994년 나자프와 카르발라 도로 위에서 죽었다. 1999년 2월에 아야톨라 무함마드 사디끄 알사드르와 그의 두 아들도 같은 운명이 되었다. 이제는 아무도 대중들 앞에서 사담 정권을 비판할 수 없었다. 시아파 무즈타히드인 아야톨라 알리 알시스타니는 1994년 가택에 감금되어 시아 공동체와 접촉할 수 없었다. 사담 정권은 시아파 안에서 독자적인 세력이 생기는 것을 막았다.

그러나 남쪽의 시아파와는 대조적으로 터키 국경으로 몰려든 쿠르드 난민들은 연합군의 직접적인 개입을 이끌어냈다. 이라크 북쪽에 비행 안전지대가 설치되어 모든 이라크 항공기는 36도선(모술과 아르빌의 남쪽을 지나는 지역) 북쪽 비행을 할 수 없었다. 이러한 조치로 북쪽 여러 지역에 있던 이라크 군대가 철수하고 마침내 1991년 10월 휴전을 했다. 쿠르드 난민을 대신해 연합군이 개입함으로써 사실상 북부 이라크의 쿠르드 자치 정부가 탄생했다. KDP는 북부에서 자치구를 세웠고, PUK는 남쪽 술라이마니아를 본거지로 삼았다. 1992년 5월 국제기구의 감시 아래에 비교적 자유로운 선거가 쿠르드 지역에서 실시되어 KDP와 PUK의 대표자들이 각각 50퍼센트의 찬성표를 얻었다. 그리고 아시리아 기독교인과 쿠르드 기독교인들, 사회주의자들도 몇 석을 얻어 1992년 6월 아르빌에서 쿠르드 의회가 열렸다.

유엔의 제재를 받는 이라크

쿠웨이트를 침공한 이라크가 연합군에게 패배한 직후 유엔 안보리에서는 이라크가 다시는 이와 같은 침략을 일으키지 않도록 해야 한다는 여론이 생겼다. 1991년 5월 유엔군축특별위원회(UNSCOM)가 이라크에 들어가 조사를 했는데, 이라크는 여러 곳을 방문하도록 허용할 수밖에 없었다. 그러나 이라크 당국이 사실을 부인하고, 사찰단을 속이고 방해했기 때문에 유엔군축특별위원회는 몇 년에 걸쳐 조사를 했다. 사찰 결과 이라크의 다양한 무기 생산 프로그램들과 정밀한 군사 기밀이 드러났는데, 8년 동안 무기 사찰을 실시한 유엔군축특별위원회는 이라크가 화학무기와 생물학무기를 만들고 옮길 수 있는 잠재력이 있다고 발표했다.

사담 후세인은 국제 관계와 이라크가 처해 있는 지역 내 특수성을 잘 이용할 수 있는 인물이었으나 무기 사찰의 결과가 낱낱이 드러나는 것은 원하지 않았다. 이라크는 연합군과의 전쟁에서 엄청난 손실을 입었다. 6주 동안의 공중 폭격은 이란과 8년 동안 싸운 것보다 더 폭넓게 경제의 하부구조를 파괴했다. 1996년 이라크 정부가 유엔 안보리 결의안 986조에 마침내 동의함으로써 이라크는 6개월마다 20억 달러의 원유를 팔 수 있게 되었다. 1998년 유엔 안보리 결의안 1153조에 따라 55.2억 달러, 1999년 5월~11월까지는 83억 달러의 원유를 팔 수 있었다. 유엔은 이라크 정부가 국민들에게 생필품을 제대로 나누어주고 있는지 유엔사찰단의 감독을 받도록 했다.

사담 후세인은 유엔의 제재가 곧 해제되기를 바라면서 1992년 이후 유엔 안보리 회원국인 러시아와 프랑스에 외교 로비를 했다. 러시아와 프랑스 회사들은 유엔 제재가 해제되면 이라크 석유 산업 개발에 뛰어들 생각이었기 때문에 이라크가 주요 석유 수출 국가로 회복되기를 바랐다. 이라크는 활발하게 외교를 해서 여러 나라로부터 지지를 얻어냈다. 특히 걸프 국가인 오만, 카타르, 아랍에미리트도 유엔 제재가 즉각 해제되어 이라크가 복구되기를 바랐다. 1994년 11월 이라크는 쿠웨이트를 독립 주권국가로 인정했다.

1997년과 1998년, 미국과 영국은 이라크를 여러 차례 공격했다. 1998년 12월에는 '사막 여우'라는 작전을 펼쳐 나흘 동안 무기 생산 시설로 의심되는 이라크의 주요 군사 시설에 공중 폭격을 했다. 공격 이유는 이라크가 유엔군축특별위원회의 사찰에 적극 따라줄 것과 사담 후세인 정권을 무너뜨리는 것이었으나 사담 후세인 정권은 크게 타격을 받지 않았다.

1999년 12월 유엔 안보리 결의안 1284조는 만약 이라크가 120일 동안 새로 구성된 무기 사찰단에 협조하면 유엔 제재를 중지한다고 밝혔다. 새로운 무기 사찰단은 유엔 감시 검증 사찰위원회를 만들었지만, 이라크는 유엔 결의안 및 위원회가 입국하는 것도 거절했다. 2001년 11월 이라크가 유엔 안보리 1284조를 계속 거부하자 유엔 무기사찰을 다시 하기 위한 준비로 미국은 즉각 군사적 위협으로 맞섰다.

2002년 봄이 되자 이라크 정부는 적어도 유엔과는 대화를 해야 한다는 것을 깨달았다. 유엔의 제재가 코앞으로 다가왔고, 제재를 해제하는 조건은 사담 후세인의 거취와 맞물려 있었다. 2002년 10월 15일 1명이 입후보자로 나선 국민투표에서 사담 후세인은 거의 100%에 가까운 득표율을 얻었다.

미국의 이라크 침공

사담 후세인 이라크 대통령과 조지 부시 미국 대통령 가문은 2대에 걸친 악연으로 만났다. 제2차 걸프전 때에는 아버지 부시와 제3차 걸프전 때에는 아들 부시를 만나 사담 후세인은 마침내 권좌에서 쫓겨나고 만다.

이라크와 미국의 관계는 1991년 이후 크게 개선되지 못하고 있었다. 2002년 미행정부는 사담 후세인 정권을 제거하는 것이 주요 목표라는 것을 분명히 했다. 미국은 이라크 침공의 정당성을 입증하는 근거로 이라크가 대량 살상 무기를 생산해 사용한다는 것과 사담 후세인 정권이 이라크 국민의 인권을 유린하고 있고, 테러 단체들과 연계되어 있다고 주장했다. 그러나 2004년 미국 대선 중 사담 정권은 대량 살상 무기를 가지고 있지 않았다는 것이 밝혀졌다.

미국은 이라크를 공격해서 3주 만에 이라크 정부를 무너뜨렸다. 그러나 예상치 못하게 이슬람주의자들과 과격 저항 세력들에게 발목을 잡혔다. 2003년 4월 9일 미군은 바그다드에 입성해서 사담 후세인의 동상을 끌어내리는 것으로 사담 후세인 정권이 무너졌음을 상징적으로 보여주었다. 사담은 나중에 그의 고향 근처에 있는 작은 토굴에 숨어 있다가 체포되었다. 그러나 이라크 무슬림들과 이라크에 들어온 아랍 무슬림 전사들은 미군에 대한 보복으로 미군과 외국인들을 납치해서 마치 짐승을 도살하는 것처럼 참수했다.

유엔 안보리 회원국 대다수는 미국이 이라크를 공격하는 것을 지지하지 않았다. 2003년 3월부터 발효된 유엔의 여러 결의안에서도 이라크 침공이 무효라고 주장했다. 유엔 사무총장 코피 아난과 전 사무총장 부트로스 부트로스갈리(이집트인)는 미국이 이라크를 공격한 것은 국제법을 위반한 것이라고 했다.

2001년 9월 11일 부시 행정부로 하여금 선제공격에 대한 중요성을 다시 한 번 깨닫게 한 중대 사건이 일어났다. 미국은 선제공격 계획의 첫 단계로 악의 축(axis of evil)으로서 이라크와 이란과 북한을 지목했고, 미국의 첫 시험대가 된 것은 이라크였다. 9·11사건이 터진 뒤 미국은 이라크를 공격 대상으로 삼았고, 2001년 10월에는 탄저균 우편물 소동과 알카에다를 관련지었다. 미국은 동맹국들에게 반테러 캠페인에 동참해줄 것을 요구했다. 테러리즘과 전쟁 그리고 대량 살상 무기를 없애야겠다는 미국의 주장에 아랍 무슬림들은 미국이 테러를 조장하고 있다고 반발했다. 대부분의 아랍인들은 미국이 석유 때문에 이라크를 침공했다고 주장했다. 이라크의 석유 저장량은 1천백억 배럴이 넘어 세계에서 사우디아라비아 다음으로 석유를 많이 보유하고 있다.

2005년 1월 총선

84개 정당의 6천여 명의 입후보자들 중 275명의 의원을 뽑는 2005년 1월 30일 선거에서 순니파의 투표 거부로 시아파 연합이 140석을 확보해 다수당을 차지했다. 시아파는 통일 이라크 연합(United Iraqi Alliance)을 결성했는데, 시아파 아야톨라 알리 알시스타니의 사람으로 이슬람혁명 최고위원회의 압둘 아지즈 하킴, 미군의 이라크 점령 초기 미국의 지원을 받았다가 불신임당한 세속적인 시아파이며 이라크 국민의회 당의 아흐마드 찰라비 그리고 1950년대 시아파 정당을 대표하는 알다와 알이슬라미야당의 당수이자 과도 정부의 부통령이었던 이브라힘 자아파리 등이 포함되었다.

그밖에 정치 연합 세력으로 망명에서 돌아온 아드난 파차치의 독립민주연합이 있었고, 선거에 참여해 75석을 차지한 마수드 바르자니와 잘랄 탈라바니의 쿠르드인 연합도 있었다. 마수드 바르자니는 1979년 이후 쿠르드 민주당(KDP)의 당수였고, 잘랄 탈라바니는 사회-민주 노선을 추구하는 쿠르디스탄 애국연합(PUK)의 당수였다. 이밖에도 세속적인 공산당 인민연맹, 왕정 복귀를 꿈꾸는 헌정 왕정당 그리고 이들과 경쟁하는 이라크 하쉼가 연합, 세속적이고 자유로운 애국 민주당 그리고 순니파로서 반미를 구호로 내건 이라크 공화 연합, 투르코멘과 아시리아 기독교인들의 소수 정당들이 선거에 참여했다. 이라크인 대부분은 선거가 끝난 뒤 이란식 이슬람 신정

정치가 아닌 좀 더 개방
적이고 세속적인 정부를
원했으나 알리 알시스타
니 추종자의 52%와 무크
타다 사드르의 추종자
83%가 이슬람 신정 정치
를 원했다.

이라크 18개 도
1.바그다드 2.살라흐 알 딘 3.디얄라 4. 와시트 5. 마이산
6.알 바스라(바스라) 7. 디 까르 8.알 무산나 9. 알 까디시
야 10.바빌 11.카르발라 12.알 나자프 13. 알 안바
르 14.니나와(니느웨) 15. 다훅 16.아르빌 17.키르
쿠크 18. 알 술라이마니아

2005년 선거로 이라크
국민들의 인종과 종파 분
열이 노골화되는 양상을
보였다. 시아파는 이 선거
를 통해 권력의 중심부로 이동할 수 있는 기회를 잡았다.
2005년 4월 6일 이라크 제헌의회는 대통령에 쿠르드족 잘랄
탈라바니, 부통령에 시아파 아딜 압둘 마흐디와 순니파의 가지
알 야와르를 선출하고, 총리는 시아파의 이브라힘 알자아파리
를 앉혔다. 순니파들은 권력의 중심에서 쫓겨났다고 생각해
아예 선거를 보이콧했고, 결과적으로 이는 이라크 정치 일정
의 변수로 작용했다.

2005년 12월 15일 새로운 헌법에 따라 선거를 실시하고 총
리에는 알다아와 알이슬라미야당의 시아파 누리 알말리키
Nouri al-Maliki 그리고 쿠르드인 잘랄 탈라바니Jalal Talabani가 대
통령으로 선출되었다.

문화와 풍습

이라크는 언어, 종교, 문화, 예술, 풍습, 학문 분야에서 독특한 특색이 있다.

2005년 2월 19일은 680년에 이라크 카르발라에서 순니 무슬림이 살해한 이맘 후세인의 죽음을 재현하는 시아파 아슈라 기념일이었다. 시아파들은 이날 자신의 몸을 자학하며 후세인의 죽음의 고난에 동참했다. 많은 시아파 부모들이 자녀들에게 머리를 깎고 자신의 몸을 때릴 것을 강요했다. 시아파들은 해마다 이슬람력 1월 10일을 아슈라라고 하여 비통한 애도와 자신을 때리는 의식을 하면서 이슬람 창시자의 손자 후세인의 고통을 느끼려 했다.

아랍어와 아랍 민족주의

아랍 민족주의의 기둥이 되어온 것은 이슬람의 언어인 아랍어(글로 된 격식체 아랍어)였다. 사담 후세인이 채택한 바아스당의 이데올로기는 이슬람 근본주의의 적이었다. 바아스당의 이데올로기는 '하나의 통일된 아랍국가'였다. 역설적이게도 바아스당의 창설자인 미카엘 아플라끄는 기독교인이었다. 19세기 많은 아랍 기독교인 지도자들은 아랍 국가들을 독립으로 이끄는 아랍 민족주의 운동의 가장 핵심적인 역할을 했다.

아랍인들의 대표적인 고전 문법책을 쓴 8세기 시바와이히는 이란 태생으로 이라크 남부 바스라에서 아랍어 문법책을 썼다. 이 책에 등장하는 언어 자료는 『꾸란』, 고대 아랍시 그리고 동시대 아랍인 베드윈의 방언이었다. 그의 책에는 기독교 바그다드 아랍어와 무슬림 바그다드 아랍어 그리고 유대인 바그다드 아랍어 간의 차이도 나와 있다. 오늘날 이라크 아랍어는 기독교인 아랍어와 무슬림 아랍어로 크게 나뉘고, 각 지방별로 여러 방언으로 또 나뉜다. 또 이슬람을 받아들인 쿠르드인의 쿠르드어와 아시리아인들의 아람어가 있는데, 그들의 자녀들은 아랍어를 배우기도 한다.

바그다드 현대 예술 그룹

이라크인들은 오랫동안 전쟁을 겪으면서 이라크의 학문이

30년 정도 뒤처져 있다고 말한다. 그러나 많은 아랍인들은 이라크가 고대 문명의 발상지이고, 10세기 아랍 문예부흥이 일어났던 바그다드를 떠올리며 학문 분야에서는 의학과 물리학, 화학이 뛰어나고 특히 셈어학과 고고학 관련 자료들이 풍부하다는 것을 자랑한다.

바그다드 현대 예술가들은 이라크 민족의 정체성을 표현하기 위해 역사와 주위 환경에서 소재를 찾았다. 변화가 그들의 시대적 요구였다. 1950년대 예술가들은 예술이 어떻게 대중 속으로 파고 들어가느냐에 주력, 모더니티와 이라크 과거의 유산이 공유하는 기법을 시도해 과거 문명과 현대적 변화를 접합하는 데 성공했다. 그러나 현대 이라크 예술은 서구 예술의 역사, 오리엔탈리즘, 거대한 외국의 문물과 당시의 사회, 정치적 환경과 갈등을 겪어야 했다. 이라크 예술가들은 유럽의 현대 예술의 조류를 짧은 기간에 소화하고 이라크인의 정체성을 유지하면서 이라크인의 현대 예술을 창출해내야 했다.

이라크 메소포타미아 문명의 고고학적 발굴은 19세기에 유럽과 서구에 소개되었고, 그 결과 어떤 사람은 뉴욕의 자유여신상의 얼굴 모양은 이라크 하트라 신전의 태양신 신상의 얼굴을 본떴다는 주장을 하기도 했다. 피카소는 이슬람 문화의 영향을 받고 있던 스페인 말라가에서 태어났고, 마티스 역시 영감을 얻기 위해 이슬람 예술 전시회가 열리는 스페인으로 여러 차례 여행을 했다.

20세기 서구의 현대 예술은 오스만 터키 아래에 있던 이라크의 군인들과 예술가들이 이스탄불의 현대 군사학교에서 훈련을 받으면서 이라크에도 소개되었다. 압둘 카디르 알라삼은 이라크 현대 예술가의 한 사람으로 알려졌다. 군사 훈련 과목 중에는 군사 지형을 그리고 색칠을 하는 과목이 있는데, 풍경, 건물, 다리, 도로들을 그리면서 미술이 도입되었다.

20세기 중반 이후에는 시각 예술이 역사와 전통을 새롭게 해석하면서 이라크 문화가 변화하는 데 직접적인 역할을 했다. 이라크인들의 정체성은 역사의 연속성 속에서 찾을 수 있다. 에드워드 사이드는 아랍인들의 "정체성의 왜곡을 깨트리려면 식민지 시대 이전의 순수한 문화로 되돌아가야 한다"고 했다.

고고학과 정치

2003년 4월 중순 이라크가 무정부 상태가 되자 이라크 국립박물관과 지방의 박물관 및 도서관과 유적들이 파손되고 약탈당했다. 이라크의 유적은 인류 역사의 보고이다. 이라크 유적이 약탈되고 파괴된 것이 처음은 아니었지만 2003년에는 약탈의 규모와 기간이 엄청났다. 이라크 유적의 운명은 이라크 민족의 운명과 같았다.

국가를 재건하는 과정에서는 고고학과 고대사를 정치적으로 이용하는 경우가 많다. 어느 민족이나 역사를 정치적으로 활용하는 가장 중요한 자료로 삼는다. 1921년 이라크 하쉼 왕국이 시작된 이후, 정치 지도자들은 다양한 종교와 인종적 배경을 가진 이라크를 재건하는 무거운 짐을 떠맡았다. 이라크 정부와 영국 고문단은 이라크 국민들이 정통성을 확신하도록 하는 데 어려움을 느꼈다. 왜냐하면 이라크의 첫 번째 왕인 파이살 1세는 사우디아라비아의 히자즈 출신으로 외국인이었다. 이라크인 중심주의(Iraqist)와 범아랍주의가 이라크 국민의 정체성을 규정하는 데 충돌하고 있었다. 1920년대 이라크에서는 "누가 다스려야 하는가?" "우리는 누구인가?"에 대한 대답을 얻기 위해 정치 지도자들이 고고학과 고대사를 찾았다.

1930년대 중반 사미 샤우카트 교육부 국장은 어느 고등학교 강의에서 "바그다드에 근거를 둔 알 마으문 칼리파와 하룬 알 라쉬드 칼리파가 8~9세기에 2억 이상의 중동 사람들을 통치했으므로 이라크는 제국주의의 희생물이 되지 않고 중동의 맹주로서 나아갈 것이라고 확신한다"면서 애국심을 불러일으켰다.

이라크 정부는 범아랍주의에 관심이 있을 때는 이라크의 아랍-이슬람 역사를 강조했고, 아랍 세계와 페르시아 지역에서 헤게모니와 리더십을 강조하고자 할 때는 고대 메소포타미아 역사를 들췄다. 그래서 1932~1941년과 1963~1968년에 집권층은 범아랍주의와 범이슬람과 범이슬람주의, 그리고 이라크의 관련성을 찾기 위해 역사와 고고학을 참조했다. 1958~1963년과 1979~2003년 사담 후세인 정부는 이슬람 이전의 역사, 즉 바벨론과 악카드 그리고 수메르 문명의 고향이 이라크라는 점을 부각시켜 이라크만이 갖는 특이성을 강조했다. 고대 메소포타미아 문명을 내세우면 인종보다는 문화를 강조하는 것이므로 이라크에서 종교와 언어와 인종을 바탕으로 한 정체성보다 더 융통성이 있었다.

1981년 이라크 부통령 따하 알딘 마으루프는 "악카드와 수메르 제국을 세웠을 때 이라크의 애국적인 통합은 페르시아 엘람인들의 공격에 노출되었다"고 했다. 그는 이란과 이라크 간의 전쟁을 과거 페르시아와 이라크 간의 적대 관계가 재현된 것이라고 하면서 이라크 군인들은 역사적으로 이 전쟁에 나갈 운명이라고 했다. 이것으로 보아 고대 역사와 현대의 정치적 관심이 연결되는 것은 고대 문명의 정신이 오늘날 현대에도 살아 숨쉬고 있다는 것을 말해주고 있다.

근세 이라크의 고고학의 역사는 크게 네 단계로 나눌 수 있다. 1808~1921년은 아무런 제한 없이 이라크 유물과 유적이 해외로 반출되고, 『성경』과 관련된 유적들이 발굴된 서구 유럽의 시기였다. 1921~1941년(이라크 자국민의 시기)에는 유물 반출이 비교적 줄어들었다. 1941~1991년까지는 이라크 정부의 재정 지원을 받아 발굴 작업이 활발하게 일어난 독립의 시기였다. 그리고 1991~2003년까지는 정치·문화·경제의 고립으로 유적지가 파괴·도난당하거나, 고고학자들이 밥벌이를 위해 직업을 바꾸었던 유엔 경제 제재의 시기로 나눌 수 있다.

일하는 이라크 여성, 이라크의 어머니

1973년에 일어난 석유 파동으로 한국 등 석유를 수입하는 국가들은 경제적 파장이 컸으나 이라크는 OPEC의 석유 수출 금지 이후 경제 부흥을 맞았다. 1974년 이라크 정부는 모든 남녀 대학졸업생들에게 취업의 문을 활짝 열어주었다.

이라크 여성이 자유롭게 일을 할 수 있었던 것은 이라크 여당인 바아스당의 정책 때문이었다. 아랍 민족주의와 사회주의를 근간으로 하는 바아스당은 여성의 역할과 지위를 존중했다. 다른 걸프 국가들이 외국에서 노동력을 구하고 있을 때 이라크는 일찍부터 여성의 노동력을 이용했다. 또 다른 요인은 정부가 바아스 당원들을 직장에서 모집함으로써 여성 취업을 장려했다. 결국 이라크 여성들은 고등교육을 받고 전문 직종에서 일할 수 있었다. 다른 아랍 국가의 여성들은 보수적이고 가부장적인 구조 때문에 취업이 어려웠지만, 이라크 여성의 취업 역시 계층과 거주지(도시, 시골)에 따라 차이가 있었다.

1980년부터 1988년까지 이어진 이란·이라크 전쟁 때문에 남자들이 모두 전쟁터로 나가자 그 자리를 여자들이 메웠다. 일하는 여성들은 '이라크의 어머니'로 칭송되었다. 유엔 경제 제재를 받는 동안과 전쟁 중에는 여성들도 영향력을 갖게 되었다. 그러나 사는 곳(도시, 시골), 인종(아랍족, 쿠르드족), 종교(시아, 순니, 기독교)에 따라 영향력에도 차이가 났는데, 가장 중요한 요인은 사회적 계층이었다. 그러나 유엔 제재와 전쟁으로 이득을 얻는 계층이 생기고, 중산층이 약화되면서 사회 계층이 뒤바뀌기도 했다. 이라크 정부와 밀착해 정치, 경제적 특권을 누리는 계층도 있었다. 또 다른 요인은 서구에 친척이나 가족이 있는 경우였다. 주로 북유럽과 미국에서 돈을 받는 여자들은 생활 형편이 훨씬 좋았다.

1990년 경제 제재와 1991년 걸프전 이후 도시의 저소득층 여성들과 가난한 시골 여성들은 근근이 입에 풀칠하는 게 고작이었다. 유아 사망률이 높아지고 가난한 집안의 아이들은 질병과 영양실조로 고통을 받았다. 심지어 중산층 여성들도 아이들에게 먹일 젖이 부족했다. 경제 제재 중에는 국민의 60%가 달마다 식량 배급을 받아 생활했다.

경제 제재와 전쟁은 여성들을 더욱 고통스럽게 만들었다. 전기와 물이 터무니없이 부족해서 제대로 생활할 수가 없었다. 더구나 실직과 높은 인플레이션, 경기 하락은 대부분 여성들의 일상생활에 악영향을 끼쳤다. 물품이 부족하자 사람들은 사재기를 하기 시작했다. 대부분의 여성들은 비싼 빵을 사서 먹기보다는 집에서 빵을 구워 먹었다. 이라크 남부와 시골에서는 전기가 자주 끊겨 음식을 저장할 수도 없었다.

이제 아이들을 학교에 보내는 것도 힘들었다. 자연히 여성들이 교육을 받는 기회는 줄어들고 있었다. 1970년대와 1980년대에 문맹률은 상당히 낮았으나, 1985년과 1995년에는 8%에서 45%로 늘어났다. 2004년 유엔 개발 기금의 보고에 따르면, 초등학교 학생의 미취학률이 35%였고, 유니세프에 따르면 15~49세의 여성들의 55%가 문맹자들이었다. 1990년대에는 사회 전체에 부조리가 널리 퍼져 있었고, 대학교수들이 해외로 이주하는 바람에 고등교육이 무너지고, 대학의 학위 가

치가 떨어지고 있었다.

공공기관에 취직한 여성들의 월급은 인플레를 따라 잡지 못했다. 경제 재제를 받는 동안에는 봉급을 제때에 받지 못하는 사람들이 늘었고, 2003년 전쟁 후에도 실직률이 늘었는데 그것은 치안 부재가 가장 큰 이유 중 하나였다.

전쟁 후 도서관 장서들이 도난당했고, 교수들은 강제로 교수직을 그만두어야 했고, 바아스 당원으로 밝혀진 교수들은 학생들의 협박을 받아야 했다. 미군과 영국군은 병원, 박물관, 도서관들을 지키지 못했다. 전쟁 중 가장 안전하다고 느낀 국민은 모스크에 살던 이맘(순니파의 이맘은 예배 인도자이고, 시아파의 이맘은 정치적 리더십을 갖는다)이었다.

1991년 걸프전이 끝난 뒤에도 강도, 절도, 살인, 강간 등 강력한 범죄가 늘어났다. 윤리는 땅에 떨어져 시기, 불신, 부패가 널리 퍼져 있었다. 유엔 경제 제재 이후 가난한 여성들과 낮은 임금을 받는 여성 근로자들이 매춘하는 것을 막고자 1990년대 중반 이라크 정부는 캠페인을 크게 벌이기도 했다. 그러나 이라크 국경 지대에서는 매춘하는 여성이 빠르게 늘어나고 있었다. 특히 요르단에서 매춘하는 대부분의 여성은 이라크 여성이었다. 사태가 이렇게 되자 이라크 정부는 급기야 외국으로 나가는 여성들은 남자 가족을 동반해야 하고, 45세가 넘어야 출국할 수 있는 법을 제정하기도 했다.

2000년 사담 후세인의 아들 우다이와 청년들이 300명의 여성 매춘부와 포주를 골라 참수했다는 보도가 널리 퍼지고 있었다. 이라크 남성들은 혹시 이웃에 나쁜 소문이 나서 가족의 명예를 잃을까봐 전전긍긍했다.

이런 매춘 행위와 실직률이 증가하자 이라크 정부는 이슬람주의자의 부흥을 통해 사회적 변화를 일으키고자 했다. 이슬람주의 정책은 남녀 관계에서 보수성을 더욱 강화했다. 이것이 2005년 새 이라크 정부에서도 정치 세력 간의 갈등 요인으로 작용하고 있다. 샤리아법(이슬람법)에 따라 이라크의 세속적인 가족법을 없애려는 것이다. 1959년에 제정된 이라크 세속법은 중동에서 가장 진보적인 법으로, 일부다처를 어렵게 하고 이혼 여성의 권익을 보장하는 법이었다.

2003년 미군과 영국군이 이라크에 들어온 후 바스라의 많은 여성들은 남성들의 성희롱을 막기 위해 이전에 쓰지 않았던 히잡(얼굴은 보이게 하고 머리를 감싸는 천)을 써야 했다. 바스라 대학에서는 남학생들이 학교 문 앞에서 히잡을 쓰지 않은 여학생들의 등교를 막았다. 당시 이라크에서 이슬람주의가 확산되고 있던 이유는 사담 후세인의 세속 정권에 대한 환멸과 외국 점령군에 대한 저항 때문이다. 2005년 점령군은 이라크 여성들을 인권과 자유의 상징으로, 또 다른 종교적인 면에서는 윤리와 차별화의 상징으로 도마 위에 올려놓았다. 여성의 인권과 여성이 정치에 참여할 수 있는 기회를 보장받는 것은 너무나 중요하다. 하지만 이라크뿐만 아니라 주변 아랍 국가들은 페미니즘을 서구 가치관과 같은 것으로 매도해 이슬람의 고유문화와 윤리를 매장하는 것으로 치부하고 있다.

새로운 이라크

2003년 미국이 이라크를 점령한 뒤 새 이라크 정부와 미군이 치안을 잡지 못하자 여러 곳에 폭도들이 인명 살해를 서슴지 않았다. 2003년 여론조사에서는 순니파의 82퍼센트와 시아파의 69%는 미군이 이라크에서 당장 떠날 것을 요구했다.

미국은 이라크에서 사담 후세인이 물러나고 바아스당이 해체되면 자유민주주의 국가가 실현되어 친미 정권이 들어설 것이라 믿었는지 모른다. 2005년 새 헌법안은 사담 후세인의 바아스당이 다시 결성되는 것을 금지하고, 이슬람과 민주주의 원리에 어긋난 법률은 통과될 수 없다고 못 박았다. 이 헌법안은 시아파와 쿠르드족 소속 의원들이 중심이 되어 입안했다. 시아파의 알다아와 알이슬라미야당에 속한 이브라힘 자아파리 총리가 주도적인 역할을 했다.

2005년 10월 19일에 열린 사담 후세인 대통령에 대한 첫 번째 재판에서는 알다아와 알이슬라미야 소속의 무슬림들이 사담 후세인을 암살하려다 실패한 후 사담의 지시로 두자일 마을 주민 143명 학살을 지시한 혐의를 다루었다. 두자일 마을은 알다아와 알이슬라미야의 본거지로서 2005년 이라크 과도정부 총리는 아이러니하게도 알다아와 알이슬라미야당의 이브라힘 알자아파리였다. 사담은 친 이란 노선의 알다아와 알이슬라미야당이 이라크에 이슬람 국가를 세우는 것을 막으려고 했다.

그러나 사담 후세인의 범죄 혐의로는 1988년 3월 할라브자 마을 쿠르드족 5천여 명을 독가스로 사살할 것을 지시한 혐의, 1980~1988년 이란·이라크 전쟁 중 화학무기를 사용한 혐의, 1990년 8월 쿠웨이트 침공으로 국제법을 위반하고 쿠웨이트의 재산을 약탈하고 민간인을 살해한 혐의, 그리고 1991년 1월 걸프전쟁 후 이라크 남부 시아파들의 봉기를 무력으로 진압한 혐의 등이 있었다. 그런데 미국과 옛 소련 그리고 일부 유럽 국가들이 개입했던 이란·이라크 전쟁과 미국이 방조해서 1988년 쿠르드 족을 살해한 '알안팔 작전', 그리고 1991년 걸프전이 끝날 무렵 시아파 시위 관련 문제는 재판에 회부되지 않았다.

이라크 시아파와 쿠르드족들은 이 재판을 '세기의 재판으로 부르고 싶었으나 대부분의 아랍인들과 이라크 순니파들은

'우스꽝스런 재판'이라 불렀다. 사담 후세인의 폭정은 인정하지만 점령자 미군의 지시에 따르고 있던 이라크 특별 재판소가 아랍 무슬림인 사담 후세인을 재판할 수 없다고 주장했다. 대부분 아랍인들은 그를 '아랍 민족주의의 순교자'라고 불렀다. 이란식 이슬람 국가가 이라크에 재현되어 이란에서 레바논까지 이르는 시아파 초승달 지역이 형성되는 것을 우려한 이라크 순니파들은 사담 후세인의 재판을 시아파와 쿠르드인들의 '복수의 재판'이라고 불렀다.

이라크는 원래 강한 민족성과 분파주의를 배경으로 하고 있고, 종교와 정치 그리고 인종에 따라 다양한 색깔을 지니고 있는 나라다. 그래서 미국식 민주주의와 자유사상은 이슬람 세계에서 정치적 이데올로기, 아랍 부족주의, 아랍 민족주의, 종교적 배타성에 가려져 단기간에는 괄목할 만한 성과가 나타나지 않았다.

2018년 선거에서 시아 블록(block)들이 많은 표를 얻었으나 어떠한 정당도 이라크 국회에서 다수의 의석을 얻지 못했다. 이라크의 모든 시아 무슬림들은 이란의 시아파와 서로 얽혀 있었다. 시아 무슬림들은 역사적으로 쿠르드, 순니 무슬림, 리버럴 무슬림을 거부했다.

이란의 시아파는 레바논의 히즈불라와 예멘의 후시를 지원해 왔다. 이란은 이라크에서 순니-시아 간의 종파주의를 일으켰고 순니 국가들과 사우디아라비아는 이란의 시아파가 아랍 국가에 더 이상 확장되지 않도록 힘쓰고 있으나 현재 이라크,

레바논, 시리아, 예멘, 바레인에서 시아 무슬림의 정치적 활동
이 두드러진다.

2003년 이후 정치적 지형의 변화

미군이 2003년 이라크를 침공한 후 장기 집권한 바아스당
을 정치권에서 배제하고 군대를 해산했다. 그 결과 정치적 공
백기를 오랫동안 갖게 됐고 치안 부재가 계속되면서 내전, 정
치적 혼란, 광범위한 부패와 부조리, 종파적 갈등, 극단적인 IS
가 등장하게 됐다. 2003년 이후 이라크의 정치적 지형은 다음
과 같은 네 개의 시기로 나눌 수 있다.

제1기는 2003년부터 2007년까지 미국 주도의 연합군 임시
행정처가 활동하던 시기인데 미군이 국가 치안을 담당했고 새
로운 정당이 등록되고 새로운 군대가 모집되고 새로운 법이
초안됐다. 2005년 이라크는 새로운 헌법을 통과시켰다. 순니
가 수 세기 동안 통치했던 정치적 지형이 바뀌었는데 시아 무
슬림이 총리를 맡았고 이라크 역사상 처음으로 쿠르드인이 대
통령이 됐다. 오랫동안 바그다드와 독립되어 자치를 원했던
쿠르드인들이 이제 이라크 국가의 일부로 들어온 것이다.

새로운 헌법은 쿠르디스탄 지방 정부와 페쉬메르가(아랍어
원음, 비쉬마르카) 군대의 공식적인 지위를 인정했다. 순니는
의회의 주요 직책을 맡았으나 다른 정부 요직에서는 철저히
배제됐다. 이 시기에 순니와 시아 간의 종파적 충돌이 극심했

다. 아프가니스탄에서 싸웠던 요르단 출신의 아부 무사브(아랍어 원음, 무쓰압) 알자르카위가 이라크에 잠입하여 폭파와 유괴와 참수를 일삼았고 미군의 공습으로 그는 2006년 중반에 살해됐으나 이 조직이 '이라크의 이슬람 국가(ISI)' 조직으로 바뀌었다.

제2기는 2007년부터 2011년까지 유혈 충돌이 확대된 것을 막으려고 미군 3만 명이 13만 명의 기존 병력에 추가로 배치됐다. 이 시기는 이라크 순니 부족들이 재결집한 시기와 맞물리는데 그들은 투쟁을 줄이면서 미군에 협조적인 태도로 바뀌어 갔다. 미군은 2011년 말 이라크에서 철수했다.

제3기는 2012년부터 2017년까지인데, 이라크 정부가 순니파들을 고용하고 임금을 준다는 약속을 지키지 않았다. 수천 명의 순니 무슬림들이 구금됐고 2013년 초까지 수만 명의 순니 무슬림들이 라마디, 팔루자, 사마라, 모술, 키르쿠크에서 반정부 시위를 벌였다. 순니 무슬림들은 당시 시아파 총리 누리 알말리키가 종파 간 갈등을 부추기는 정책을 폈다고 비난했다. 쿠르드와의 관계도 악화됐다.

시아 주도의 정부가 정치에서 실패하고 순니들에게 이라크 영토 밖의 세력과 IS가 연계되는 길을 열어주었다. 2013년에는 시리아까지 그들 세력이 확장되어 '이라크와 시리아의 이슬람 국가(ISIS)'가 조직됐고 오늘날에는 ISIS를 짧게 IS라고 부르기도 한다. 2013년 팔루자를 장악한 이들은 2014년 6월 영토의 1/3을 점령했고 아부 바크르 알바그다디가 모술에서 '이슬람 국가 창설을 공표했다. 이 조직은 강간, 유괴, 참수, 대량 살상, 약탈, 강탈, 밀수를 일삼았고 원유와 전기, 군수물자 등 국가 자원을 불법 사용했다.

시아파 아야톨라 알리 알시스타니는 순니 무슬림에 지하드를 하라고 이라크 무슬림들에게 파트와(무슬림의 법적 질문에 대한 법학자의 답변)를 발령했다. 주로 시아파 무슬림들이 새로운 민병대에 합세했고 이란이 이들을 지원했다. 2015년과 2017년 이라크 보안군과 쿠르드 페쉬메르가 군대 그리고 민중 동원군Popular Mobilization Forces(알하쉬드 알샤아비, 주로 시아 무슬림)은 미군 주도 연합군의 공중화력 지원을 받아 작전을 했고, 드디어 ISIS가 점령한 영토를 조금씩 탈환하기 시작했다. 그리고 2017년 12월 총리 하이다르 압바디가 IS와의 전쟁에서 승리했다고 발표했다.

제4기는 2018년부터 현재까지인데 이라크 정부가 IS로부터 영토를 탈환한 뒤 모든 이라크 영토를 재장악한 시기이다. 2003년 이후 4번째로 실시된 2018년 선거에서 IS조직이 장악하던 도시를 비롯한 이라크 전역에서 국회의원 선거가 실시됐다. 시아파 무끄타다 알사드르는 시아파 무슬림과 세속적인 순니 무슬림과 공산주의자들과 연합하여 새로운 정당을 만들었고 투표 결과 제1당이 됐고 이란이 지원하는 블록이 제2당이 됐다. 의회는 쿠르드 정치인 바르함 살리흐를 대통령으로 선출했고 바르함 살리흐는 시아파 경제학자 아딜 압둘 마흐디를 총리로 기용했다. 국회의원 선거에서 1위를 차지한 정당을 가진 시아파 무끄타다 알사드르는 선거에서 빈곤과 부패를 근절시키고 이란의 국내 간섭을 중단시키겠다는 공약으로 선거에서 승리할 수 있었다.

2019년 이라크의 하라크

2011년 이후 매년 발생한 시위 활동에 대하여 이라크 정부는 그들의 요구에 무관심했다. 전기와 물을 달라, 행정과 금융에서 부패를 척결해 달라, 공공 서비스(보건, 교육, 교통, 에너지, 하수도 등)를 개선해달라고 했다. 이라크 국민들은 부패를 일삼았던 정당과 행정적 능력을 보여 주지 못한 정당에 표를 주지 않겠다고 했다. 2015년 7월 말 극심했던 시위가 그 후 매주 금요일 바그다드와 이라크 중부와 남부의 여러 도시에서 계속됐다. 시위대가 국회와 총리 공관으로 진격하여 그린 존 앞에서 며칠간 농성을 벌였다. 이슬람 국가(IS) 조직과의 전쟁은 2017년에 끝났다고 이라크 정부가 발표했지만 여전히 이라크 국민들은 극단적인 사상의 희생물이 됐다. 새로운 이름으로 등장하는 단체들이 극단적이고 과격한 이념을 주입하고 있었고 하이다르 압바디 정부는 정치, 행정, 경제 개혁을 단행하지 못했다.

2017년 12월 이라크 내 IS와의 전쟁이 종식됐다고 하이다르 총리가 선언했지만 그 당시 키르쿠크, 니느웨(니나위), 살라흐 알딘, 사마라와 알안바르의 서쪽 사막 지역에 IS가 잔류하여 위험성은 남아있었다. 2018년 시위대를 진압하는데 실탄이 사용됐고 가스총과 곤봉이 사용되고 시위 가담자들이 경찰서에 구금되고 고문이 자행됐다. 그리고 바그다드와 여러 지방에 있는 정치적 이슬람 정당(시아파) 건물이 방화됐다. 2003년부터 2019년까지 권력을 차지하고 그들의 집권을 강화하기 위하여 입법을 강행했던 정당에 대한 국민들의 분노가 컸다.

2019년 아랍 언론에서는 '하라크(Harāk)'라는 단어가 자주 등장했다. 알제리와 레바논과 이라크에서 청년들이 시위를 벌이는 것을 아랍 언론들이 '하라크'라고 했다. 아랍어 '하라크'는 (혁명을 위한) 시민의 집단행동에 가까운 의미로 사용됐다. 그렇다면 이라크의 하라크는 혁명인가? 아니면 개혁 운동인가? 하라크 그룹들은 이라크의 부패 정권의 사람이 정치권에서 사라지기를 바랐지만 현실은 그렇지 않았고 지난 40년간 부패가 만연했다. 이라크인들은 이라크의 하라크가 진짜 '혁명'이 되기를 간절히 바랐고 제한된 개혁 운동이 되어서는 안 된다고 생각했다.

2019년 12월 이라크의 하라크 그룹들은 무함마드 시야으 알수다니(전 노동과 사회부 장관)가 새 총리가 되는 것을 거부했다. 하라크 그룹들은 그가 2003년부터 이라크 총리를 지낸 누리 알말리키의 측근이라고 했다. 하라크 그룹은 새 총리의 자격은 무소속 정당인이어야 하고 전 정권에 가담하지 않아야 하고 청렴결백하고 애국심이 있는 사람이어야 한다고 말했다. 알수다니는 2003년부터 이라크에서 평판이 안 좋은 시아파 알다아와 알이슬라미야당에 속해 있었다. 하라크 그룹들은 기존 정치인들은 책임을 통감하고 정치권에서 다 떠나라고 요구했다. 이들 그룹은 수천 장의 알수다니 사진을 인쇄하여 길바닥에 뿌리고 그 사진을 짓밟았다.

사담 후세인 이후 이라크

2006년 사담 후세인 이후 이라크는 왜 실패를 되풀이하고 있는가? 지난 16년을 돌이켜보면, 권력과 돈과 명성에 대한 탐욕적인 갈등이 2005년부터 심했는데 그중 하나는 2006년 국회의원 선거에서 나타났다. 선거 결과와 헌법에 따라 시아파 무슬림들이 권력을 장악했고 순니파 무슬림들에게는 입지가 좁아졌다. 더구나 종교를 내세운 정치적 이슬람 정당들이 부패하면서 결국 사담 후세인 이후, 이라크 국민들이 염원하는 '새로운 이라크' 건설은 요원해졌다.

새로운 이라크 건설에 실패한 비극은 이란이 개입할 기회를 주었고 2014년에는 모술을 거점으로 하는 이슬람국가(IS) 조직이 결성됐다. 당시 시아파 종교의 최고 지도자였던 알리 알시스타니는 IS에 대항하여 지하드를 하라고 촉구했다. 이를 기회로 하여, 이란에 의존하는 이라크의 무장 세력들이 민중동원군(알하쉬드 알샤아비)에 합류했다. 하이다르 압바디 총리 시절, 이란의 압력으로 민중동원부대Popular Mobilization Units(하이아 알하쉬드 알샤아비)라는 이름으로 합법화됐고 국가의 치안을 담당하는 기관의 일부가 됐다.

이제는 이라크가 치안 담당이나 국가 수뇌부를 인선할 때 이란을 거쳐 와야 하는 상황이 됐다. 더구나 행정적 부패와 금융적 부패가 없는 이라크는 상상할 수 없다.

프랑스엔 〈크세주〉, 일본엔 〈이와나미 문고〉,
한국에는 〈살림지식총서〉가 있습니다.

이라크의 역사 순니파, 시아파, 쿠르드족의 각축

펴낸날	제1판 제1쇄 2006년 12월 30일
	제1판 제2쇄 2009년 8월 5일
	제2판 제1쇄 2020년 1월 30일

지은이	공일주
펴낸이	심만수
펴낸곳	(주)살림출판사
출판등록	1989년 11월 1일 제9-210호

주소	경기도 파주시 광인사길 30
전화	031-955-1350 팩스 031-624-1356
홈페이지	http://www.sallimbooks.com
이메일	book@sallimbooks.com

ISBN	978-89-522-0593-6 04080
	978-89-522-0096-9 04080 (세트)